人生を豊かにしたい人のための講談

マイナビ新書

はじめに

本書をお手に取ってくださり、ありがとうございます。日本の誇る伝統芸である「講談」は実に長い間不遇をかこっておりましたが、近ごろになり一人の若者の活躍により、にわかに世間の注目を集めるようになってまいりました。

人々が注目をしてくれて自分たちにスポットライトが当たるようになれば、芸人はおのずと目を輝かせて芸に取り組むようになります。ですから、講談界は今、かつてないような活気に満ちていると言えます。

考えてみれば、私が二代目神田山陽に入門した昭和四十五年（一九七〇年）、今から五十年前の講談界に比べると講談師の人数も倍増して昔日の低迷がウソのように感じます。

当時の講談は一部の好事家をのぞき、振り向く人もいない状態が長期にわたって続いておりました。極端に言えば、忘れられた日本の話芸だったのです。

そんな講談界に身を投じることになったのは、そのころ所属していた劇団の主催者に「お前の朗読は講談だ」と言われたのがきっかけでした。その講談という芸を確かめてみようと、初めて本物の講談を聞き、その話芸のすばらしさに感動して師匠の門を叩いたのが二十七歳のときでした。

当時、日本で唯一の講釈場（38頁参照）だった本牧亭は、上野広小路の大通りを横に入った路地にありました。昭和二十五年（一九五〇年）に開席したときのままの建物は木造の二十畳の小さな釈場で、客席はいつも閑古鳥が鳴いていました。映画『ＡＬＷＡＹＳ　三丁目の夕日』そのままの雰囲気が漂っていて、薄暗い客席には着物姿のご老人たちが思い思いに壁に寄りかかって静かに講談を聞いている風景は、いまだに目に焼き付いています。

高座の幕は引き幕で私たち前座が綱を引いて開閉しました。後ろに小さな楽屋があり、出演者は客席のご老人たちと同じように各々が壁に寄りかかって静かに出番を待っておりました。生粋の講談師はもちろんのこと、なかには無声映画の弁士、または浪曲師から講談師に転身した先生などもいて、ゆったりとした時間が流れていきます。今から思えば実にのどかで牧歌的とさえ言える楽屋でありました。テケツ（受付）の壁には大看板の先生方の名入り提灯が下がって伝統芸の本拠地である誇りさえ感じさせるのでした。

私が入門する七年前には、作家であり評論家でもある安藤鶴夫先生の小説『巷談本牧亭』が直木賞を受賞して話題となり、本牧亭の名前も広まって一時はお客も入ったようでしたが、私が入門したころには元の静かな本牧亭に戻っており、客席の畳の数よりお客の数のほうが少ないという日々が続いていたのです。当時どのような講談の先生方がいたのかは本文をご覧いただくことといたしますが……。

それから間もなくして老朽化した本牧亭は建て直され立派な鉄筋の釈場に生まれ変わりました。新装なった日の感動は忘れられません。表には大看板から若手まで全員の講談師の名を書いた「まね木」が上がり、遠藤周作先生の筆による

「本牧亭」の大きな看板が揚げられたその雄姿は、私の目には歌舞伎座にも劣らぬほど立派に見えて心が躍りました。

客席は旧本牧亭の倍の四十畳、百五十名のお客を収容できます。幕は以前の引き幕に代わって緞帳で、電動で開閉します。楽屋も広い和室が二間。

私はその本牧亭で真打になりました。毎年春と秋には独演会も開いておりましたが、時代は無常でもありました。ついに我らが殿堂、上野広小路の本牧亭はその幕を閉じることになったのです。

時は平成二年（一九九〇年）一月。その最後の日、私は本牧亭の清水基嘉社長から「いの一番」の下足札を記念として頂戴いたしました。今でも大切に保存しております。半世紀にわたって携わってきた講談にまつわる諸々を、心からの感謝を込めて、この度一冊の本にまとめてみました。

人生を豊かにしたい人のための講談

目次

第四章　講談の有名な話は

第五章　講談師の修業とは

第六章　講談の歴史

第七章　講談古川柳

第一章

講談と落語はどこが違うのか

講談は、なにかと落語と比較される機会が多いように感じます。ところが、この二つの芸は、まず外見からして違います。さらに高座に上がる持ち物から、その口調まで、講談を理解していただくために、まずは落語との違いから解説していきたいと思います。

外見「高座姿」の違い

どちらも着物姿で登場しますが、講談師は高座に上がると、釈台と呼ばれる文《ふ》机《づくえ》を使います。講談師は昔、講釈師と呼ばれていました。講釈師が使う台なので、釈台と呼んだわけです。

なぜ釈台を置くかというと、かつての講談師は軍記物語の『太平記』『源平盛衰記』といった戦記物を読んで聞かせていたからです。釈台に本を置いていた名残りなのですね。古書に残る講談師を描いた挿絵には、釈台の脇に本を積んで高座を務めている姿が残されています。

いつごろから本を置かなくなったのか、定かではありません。江戸時代中期の講談師を描いた挿絵では本を置いていますから、幕末以降ではないでしょうか。もしかしたら、落語の影響かもしれません。

講談と同時期に流行した落語は、「話す芸」ですから本は置きません。もしかすると、「講談師は覚えもしねえで、本を読んでいる」と落語と比べられたからかもしれない。あくまでも推測にすぎませんが。今でも講談には、軍談物を演じるときには台本を置いてよいという伝えがあります。

あるとき、私が釈台に本を置いて口演したところ、顔見知りから「内容を覚えていないから置いたんだろう」と言われたことがありました。

本を置いてめくるのはパフォーマンスであって、覚えていないわけではありません。昔の講談師であれ、内容はすっかり頭に入っていたはずです。

そういうことが誤解されたり、落語と比べられたりしたことで、もしかしたら本を置かなくなったのではないかと思っています。

もう一つ考えられる理由として、軍談だけでなく、落語でいう人情噺《にんじょうばなし》、いわゆる世話物《せわもの》と呼ばれる町人社会・世相風俗を扱った世話講談の要求が高まったことが挙げられます。

世話講談の王道、『天明白浪伝』や『鼠小僧』のような泥棒物、『四谷怪談』などの怪談物、『清水次郎長伝』『国定忠治』といった三尺物、あるいは『幡随院長兵衛《ばんずいいんちょうべえ》』などの侠客《きょうかく》物の場合は、本を置かないほうが効果的だったのでしょう。

余談ですが、落語の人情噺と世話講談には共通の話も数多く残っています。その内容の面白さから、元は講談のネタであったものが落語になったりしたのです。有名な『柳田格之進』『左甚五郎』『浜野矩随《はまののりゆき》』なども、もともとは講談。同じ話でも、落語家が演じれば人情噺、講談師が読めば世話講談になります。

最近では、講談師だけでなく落語家の若い人が私のところへ講談の稽古に来ます。世の中がお笑いだけでなく筋のあるしっかりした話を求めているのでしょう。

高座の様子

撮影：守屋貴章　撮影場所：お江戸上野広小路亭

今でこそ講談師も派手な色の着物を着るようになりましたが、わずか五十年前、私が入門したころの講談師は黒紋付の高座着が多かった。

派手になったのは上方落語の影響でしょうか。

前座時代に大阪に旅に出掛けて寄席（54頁）をのぞいたことがあります。三代目桂春団治師匠の高座でした。澄んだコバルト色の着物にピンク色の紋が両方の胸に大きく入ったきらびやかな着物で、大そう驚きました。

現在ではいつの間にか寄席全体が派手な衣装になってきました。

落語は基本的に世話物ですから、色っぽい着物も合いますが、講談は軍談や歴史上の事件を話すこともありますから、落語家のように派手な着物は本来合わないはずです。

私もいろいろな着物を持っていますが、落ち着いた色でないと講談師は合わないと思っていますから、派手な着物は一着もありません。黒地のほかは鼠系とか紺系、その程度です。講談師には、穏やかな色が一番合うと思います。

「読む」芸と「話す」芸

本来、釈台に本を置いて軍談を読んでいた講談は、「読む」ということを芸にまで極めたものです。同じ話芸でも、落語が会話によって成り立つ芸であるのに対し、講談は「読む芸」という点でも、大きく異なります。

落語は「話す芸」です。

落語は、庶民の中から起こった笑いと人情をはなす芸、それで噺家《はなしか》と言います。オチのある笑い話ですから、登場する人物の個性を表現したり笑いを描いたりするには、会話の形式で、身振り手振りを取り入れるのが効果的です。ですから、扇子を大盃に見立てて酒を飲む、キセルに見立ててプカリと吸う、扇子を箸に見立ててそばやうどんをたぐるしぐさなど、さまざまな小道具にして盛り上げます。

講談師も扇子は使いますが、あまり視覚的なしぐさは取り入れないように思います。手紙を読むときや剣に見立てるくらいでしょうか。

なぜなら、講談は「読む芸」ですから。

今でも講談は「一席の読み終わりでございます」と言うくらいです。

声を出して「読む」とは、もととなる文章があって、昔からある伝記などを朗読、朗誦することをいいます。江戸時代でも、出版文化は盛んだったようですが、町民らの識字率はまだまだ低く、歴史や伝記を語るには、きちんと筋道のある内容を読み聞かせるのが一番だったわけです。

また、昔の本は文語体で綴られておりましたから、一般の人には難解でした。それを講談師が面白く解説しながら読み聞かせることで、それが娯楽にもなり、道徳や教養にもなりました。

しかし、ただ単調なリズムをつけて読むだけでは飽きられます。

そのために、当時の講談師はさまざまな「読む芸」を磨いたわけです。日本人に適した、朗々とした流れるような口調を取り入れました。

あとで詳しく説明しますが、「修羅場《ひらば》調子《ちょうし》」と呼ばれる、七五調を取り入れた朗誦法が確立しました。

ポンポンと張扇を打つ芸が講談

調子よくリズムをつけて読むようになると、その合間に調子をとる楽器が必要になります。それが「張扇《はりおうぎ》」です。

「何が何して、なんとやら～何が何までなんとやら～」のあと〝ポンポンポン〟といった具合に、張扇で釈台を打つわけです。

落語家は扇子と手ぬぐいを持ち、座布団に座ります。

講談師も同じく扇子と手ぬぐいを持ち、座布団に座りますが、同時に釈台を置き、張扇というもう一つの道具を持つところが特徴です。

この張扇は開きません。打つためだけの道具です。

ついでながら、張扇は「叩く」のではなく、本来は「打つ」といいます。太鼓のばちと同じ楽器ですから、「打つ」んです。時代とともに音も変わって、張扇の音も「パンパン」と言われたり書かれたりするようになりましたが、本来は「ポンポン」が正しい。昔の演芸雑誌の講談を紹介した記事などを見ますと、「ポンポン」と書かれています。

それがいつの間にか、「パンパン叩く」になってしまったのは、時代の流れでしょう。何もかもテンポが速くなり、せわしない世の中です。

今の若い講談師の口調も随分と早くなりました。原稿用紙にしてみると、私が一枚だとすると一枚半くらいの量を同じくらいの時間で読んでいます。

往年の講談師は、そんなに早い口調では読みません。

私たちの年代はもう速いテンポについてはいけない世代ですから、相変わらずの調子でやっています。場面に応じてテンポアップすることはありますが……。

先生と師匠

講談は、戦国時代から徳川初期まで存在した「太平記読み」に端を発したといわれています。

『太平記』は、後醍醐天皇から後村上天皇までの吉野朝約五十年間の騒乱を華麗な文章でつづった軍記物語です。

戦国時代の末期には、この『太平記』を一定のリズムで朗々と朗読し、それを生業にする、そういった人たちを「太平記読み」と呼びました。

戦国大名にはそれぞれ専属の講釈師がおりました。かの徳川家康には赤松法印という講釈師がいて、『太平記』や平安時代から鎌倉時代にかけて平家と源氏が栄え、滅ぶ様子を記した軍記物語『源平盛衰記』などを読み聞かせたとされています。

専属の講釈師だけでなく、話し相手をしたりする、落語の先祖「お伽衆《とぎしゅう》」もいたようですから、源流は違えども講談と落語は同じような流れを歩んでいるようです。

同時期、太平記読みに加え、「軍書講釈」も流行しました。『三方ヶ原の合戦』『姉川の合戦』『長篠の合戦』『関ヶ原の合戦』といった軍書は、歴史の物語としてだけではなく体験談としても読まれていたようです。

ただし軍書講釈は太平記読みと異なり、軍書の内容をわかりやすく講じ説くだけのものでした。

さらに時代が進み、江戸も元禄のころになると、太平記読みは毎度同じ話とあって飽きられてきます。また、軍書講釈もストーリーが豊富で面白いものの、ただ解説をするだけでは魅力が乏しくなってきたようです。

そこで生まれたのが、両者を「いいとこどり」したスタイル。朗読・朗誦の心地よさと、物語的な興味を兼ね備えた、現在の講談の原型が生まれたのです。

このように、講談の歴史は、武士が大名の前で軍書を講じたことから始まります。今でいう「ご進講」に通じるところもありました。

また、江戸時代初期には、失業した武士が軍談を道端（＝辻・つじ）で人々に聞かせて生活の糧を得る浪人が大勢生まれました。余興もない時代、それらは「辻講釈」と呼ばれ、庶民に広く流行しました。

庶民は余裕のある家庭の子弟は手習いの師匠のところへ通い読み書きを教わっていますが、武士は文武両道のたしなみが基本で、インテリに属していましたから、講釈師は「先生」と呼ばれていました。

その名残りで、落語は「師匠」ですが、講談は「先生」と呼びます。

真打（講談師の身分のひとつ。身分の中では最も高い）になると、「先生」と呼ぶのです。

時々、私も寄席以外のところへ行くと「師匠、師匠」と呼ばれます。落語と混同して「師匠」と呼ぶのだと思いますが、仕方ありません。

それに、先生と呼ぶ伝統が残っているだけで、〝偉い〟から呼ばれるわけでもないのです。

ただ長い間そういうしきたりがあり、それが続いているというだけのことです。

説明部分と会話部分

落語は「会話」で話が進みますが、講談には「説明」が加わります。

たとえば、落語の場合、

「おい、八っつあん！　あそこに何か白い物がチラチラしていねえか」

「ああ、なんだろう」

と会話の掛け合いで進展していくのですが、これが講談になると、

「道の先をずっと見渡すと何か白い物が揺れているように見える。熊五郎は八五郎の肩をたたき、『おい、あそこを見ろ』と指さしました」

となります。

このように、台本でいうところのト書き、つまり説明を読むのです。

講談は、軍記物語などに注釈を付けてわかりやすく読み聞かせる芸ですから、説明が多く混じります。落語に比べ、登場人物や場面の転換も多いですし、人物の身なりや来し方（過去）、時代や日時、誰がどこへ向かったのか、季節や町の景色などまで明確に語ります。

たとえば『赤穂義士伝』一つをとっても、冒頭から説明で始まります。

「元禄十五年十二月十四日、会稽山に越王が恥辱をそそぐ大石の山と川との合言葉末代めでたき武人の亀鑑《かがみ》……」〝ポンポン〟といった具合に。

ただ読むだけではありません。

先に述べた修羅場調子に張扇でリズムをとりながら調子よく読みます。説明部分こそ、これぞ講釈という醍醐味を味わえるところです。

一般的には、講談は説明部分と会話部分が交互に入るのに対し、落語はほとんど会話部分だけで展開しますから、それが両者の大きな違いでしょう。

また、創作性が濃い落語と違い、講談は史実に基づいたノンフィクションが中心で、筋のある物語になっていることも説明部分が多くなる要因です。

さらに、講談の説明部分は文語体で書かれていますから、落語に比べると「かたい」「わかりにくい」ということはあるでしょう。そこで現代の講談師は皆、なるべくわかりやすく説明するように工夫をしております。

講談や落語は、複数の人物を表現するのに、右や左に顔を振ってセリフをしゃべりますが、客席から向かって右方を上手《かみて》、左方を下手《しもて》といいます。これは歌舞伎などの芝居の舞台と同じ。

つまり、花道のあるほうが下手、座敷のあるほうが上手です。従って、顔を下手に向ければ身分や立場が上の人、上手へ向ければ下の人物を表します。こうして会話部分のところでは、上手や下手に顔を振って、人物を演じ分けます。これを「上《かみ》・下《しも》」と言います。

空板と見習い

今の時代でも、職人になろうと思えば「見習い」という時期があります。まだ一人前の仕事ができず、師や先輩について指導を受ける期間です。

講談でも落語でも「前座」「二ツ目」「真打」と年月をかけて昇進していくのですが、高座に上がることができるのは「前座」から。その前に、やはり見習い期間があります。落語ではそのまま「見習い」ですが、講談では「空板《からいた》」と呼びます。

師匠や兄弟子について、かばん持ちや雑用をしたり、裏方仕事を手伝ったり。前座になるための修業、たとえば声の出し方や読み方、着付けの練習をしたり。まだ芸名をもらえませんし、芸人として協会に登録もできません。

そういう時期を、半年から一年、長い人では二年ほど過ごします。運、不運もありまして、「前座がいなくなった」なんてことがあれば、「早く前座にさせようか」ということもあります。

なぜ「空板」なのかというと、高座を「板《いた》」と呼ぶからです。芝居でも、役者が舞台上にすでに居る状態で幕が開くことを「板付き」と言いますが、「板」は高座や舞台を指すのです。

講談の稽古をするのに、客入り前の〝空〟の客席を前にして〝板〟に上がるから、「空板」と呼ばれるようになりました。

実際に、高座で稽古ができますから、とても良い訓練になります。

講談師は腹から声を出すので、稽古場所に困るのです。最近は特に、マンションやアパート住まいも増え、なかなか大声を出すことが難しくなっているようです。客入り前の高座であれば、本番に近い状態で、気兼ねなく稽古ができます。

私も入門当時は「空板」をやりました。

半年くらいだったでしょうか。今はなき、東京都の上野にあった当時日本唯一の講釈場「本牧亭」（80頁参照）でした。二十畳の畳席で、六、七十人で満員になります。一番いい形でした。

「本牧亭」にはマイクがなく、地声で読んでいました。大きな声は講談の原点ですから、私も「空板」時代に、随分訓練を重ねました。

蛇足ですが、その昔、約七百の観客が入った大ホールでの収録中、停電になるアクシデントがありました。そのとき、高座で朗々と読んでいたのが馬場光陽先生という長老でした。真っ暗になった大ホールで、光陽先生はマイクなしで、変わらず朗々と読み続けたといいます。どれだけ立派な訓練をしていたのか、その努力が目に見えるようです。

講談師には、そういう基本が必要なのです。

普段大きい声は出さなくても、いざ高座に上がれば、しっかりとした声が出ないといけません。軍記物語が原点ですから、やはり迫力がなければなりません。迫力が勝負。講談の唯一最高の魅力は〝迫力〟ですから。

第二章

講談の魅力

第一章では講談と落語の違いを解説しましたが、この章では講談自体の魅力について解説したいと思います。もちろん、聞いていただくのに余計な知識は必要ありませんが、よりはやく講談の世界に浸るヒントにしていただければと思います。

講釈と講談

もともと、講談は「講釈」と呼ばれていました。「軍書講釈」といって、軍書を読みながら講釈することから「講釈師」と呼ばれていたのではないかと思います。ところが、明治以降「講談師」と呼ばれるようになりました。

江戸時代までは「講釈」として資料が残っていますから、変化したのは明治以降だと思います。もともと、講釈・講談という用語は中世の仏教関係の文献に出てくる言葉であり、書籍をわかりやすく説き聞かせる意でした。それが転用された形で、一般的には「講釈」が使われていたようです。

考えてみると「講釈」から「講談」になったのは、明治時代に文語体から口語体に移ったことが要因ではないでしょうか。

明治維新以降、日本語の書き方の主流が書き言葉（文語体）から話し言葉へ移行し、文学も口語体で書かれるようになりました。その過程で、「講釈」から「講談」へ変化したと考えられます。

明治期に二葉亭四迷や尾崎紅葉らによる言文一致運動が起こり、言文一致体が広まったのとほぼ同時期ですから、その影響が大きいと思われます。

また、明治初年、東京都から業者に下げ渡した鑑札（許可証）に「講談」と書かれたのがきっかけになったと言われています。

明治四十二年（一九〇九年）に創立した大手出版社「講談社」は、当時の社名を大日本雄辯會《ゆうべんかい》講談社として講談の速記本で一代を築きましたが、〝講釈社〟とは名乗っていませんしね。いまで言う「落語家」という言葉も、かつては「噺家」と呼ばれていましたから、同じ理由で変化していったのでしょう。

現在は「講談」が一般的です。

講談という言葉が広まってから、講談専門の寄席も一般的には「講談席」と呼ばれるようになりました。ただ、平成二十三年（二〇一一年）に閉場した講談専門の寄席「本牧亭」は通の間では「講釈場」と呼ばれていましたから、つい近年まで「講釈」という言葉は残っていたんです。

私は「講釈」という言葉が好きですから、今でも好んで「講釈」や「講釈師」を使っています。

講談の美学は男の美学に通じる

私が思う講談の魅力は、「男の美学」にあると思います。

とくに軍談から後世の世話物（義理や人情の葛藤を写実的に描いた作品）にな

ると、主人公が大変魅力的です。

弱い物はいじめない、長い物に巻かれない、人の窮地を見捨てない。

確固たる自分を持っている。

その代表格は、都落ちする源義経一行が有名な安宅の関を越えるために一芝居を打ったという『勧進帳』でしょう。

昔から大事にされていた「惻隠《そくいん》の情」という、相手の立場や気持ちを慮って行動する男たちの情けが描かれています。

義経を捕らえるために設けられた関所を何とか抜けるために、涙をこらえて主君である義経を打つ弁慶。その弁慶を信頼してすべてを委ねる義経の覚悟。相手の正体を知りつつも弁慶の忠義の心に打たれ、関所の通過を許す関守の富樫。

敵対する関係にありながら、相手の気持ちを慮り、情けをかけて通行させる。美しい心情です。

あるいは、『天保水滸伝 笹川の花会』。これもいい話です。

天保八年（一八三七年）は飢饉で困窮する人々が続出します。資金作りとして企画された繁蔵の花会に、険悪の仲だった助五郎の名代で出席した政吉。周囲は皆五十両の祝儀を出しているが、政吉が親分から預かった祝儀の金は五両。繁蔵はそれを花会の席で五十両と披露し、敵対する子分の政吉に肩身の狭い思いはさせなかったわけです。

このように、現代社会から忘れられつつある、日本人の心、男の美学のようなものが、講談には残っているんです。

島国の日本は、水辺に集落を作り、集団で生活する農耕民族ですから、互いに助け合わないと生きていけない運命共同体が基盤にありますず。しかし、アメリカなどはさまざまな価値観や異なる行動様式を持つ多くの人が集う、利益共同体です。戦後になり、日本は急速に利益共同体へと傾きました。

それはそれで、新しい「個の確立」に繋がり、個性を大事にできるメリットもあるのですが、個を大事にしすぎるあまり「自分さえよければ」といった方向へと進んでいるようにも感じます。惻隠の情や、相手を慮る思いやり、人と人との絆といった、運命共同体的な要素を欠落させてしまったように思うのです。

人間というのは共生動物ですから、どんな立派な人でも一人では生きてはいけません。人との繋がりを大事にする必要がありますし、相手を慮ることが欠かせません。その「慮り」の最上の形が「惻隠の情」なのです。

講談は人間が「美しく生きる」という姿勢が描かれていて、大事なことを思い出させてくれます。ですから数あるうちでも、私は男の美学が描かれたネタが好き。

私自身、それを知っていて講談師になったわけではなく、講談をやっているうちに感化され、主人公のように生きたいと強く思うようになったわけです。

それほど講談というのは、人を変える影響があるのだと思います。

修羅場調子

講談の大きな特徴として、「修羅場調子《ひらばちょうし》」というメリハリの利いた読み方があります。

これは「太平記読み」時代に確立された、朗誦法の名残りです。

ちなみに「修羅場《しゅらば》」と書きますが、「し」と「ひ」が言えない江戸っ子の講談師が、「ひらば」と呼び定着してしまいました。

修羅場調子はリズミカルな七五調で、語呂の良い言葉の羅列の合間に張扇で釈台をポンポンと打ち、調子をとります。

「何が何して、なんとやら、ポン。何が何までなんとやら、ポンポン」

という調子で読み上げるわけです。

そうするとただ読むだけより興味が湧き、「おやっ」と耳をそばだてます。

朗々とした発声、弾むような調子、歯切れの良さや緩急がもたらす独特のリズムは、語感の美しさや叙情的な様子、緊張感をより強調します。

修羅場調子のリズムである七五調は、日本語に最も合う調子のようですね。

歌舞伎でもここぞという場面になるとセリフは七五調です。

日本駄エ門の「問われて名乗るもおこがましいが、生まれは遠州浜松在〜」、弁天小僧の「知らざあ云って聞かせやしょう、浜の真砂と五右衛門が〜」など、七五調のリズムは多く登場します。

和歌や俳句を見ても、同様です。日本の定型詩のリズムは、「五音」と「七音」で成り立っています。これは日本語研究の第一人者である金田一京助先生の研究の範疇ですが、日本語というのは四拍子、または二拍子のリズムになっているからだといいます。これにフィットするのが、七五調なのだそうです。

講談師には腹式呼吸が必要

修羅場調子は、声高らかに調子をとりながら読み上げますから、腹から声を出さなければなりません。そのために、講談師が習得しなければならないのが、「腹式呼吸」です。

呼吸法には主に三つあります。

腹を出したり引っ込めたりすることで横隔膜を上下させる「腹式呼吸」。肋骨を広げたり閉じたりする「胸式呼吸」。さらに、感情が切羽詰まったときや急いだときなどにあらゆる呼吸筋を動員しようとして肩が前後に動く「肩式呼吸」です。

深呼吸をして気持ちを落ち着かせるとき、男性は「腹式呼吸」、女性は「胸式呼吸」がよりリラックスするといわれています。

本来、男性は腹式呼吸なのですが、最近では一般社会に胸式呼吸の男性も随分増えているといいます。男性らしい太い声が出ずに、声が小さくて弱々しく聞こえます。

女性は胸式呼吸が多いのですが、講談師であれば腹式呼吸をマスターしなければ、身が持ちません。

腹筋をしっかり鍛え、声を出すときは骨盤を立てて背筋を伸ばし、肩を後ろに引いて胸を広げます。あごを引いて腹筋を使って声を出すと、良い声が出ます。

腹式呼吸はちょっとしたコツが必要ですが、簡単に実感する方法があります。

寝る前に、仰向けになりゆっくりと呼吸をしてみてください。

仰向けに寝そべって呼吸するときは、誰しもごく自然に腹式呼吸になります。

その感覚を発声に取り入れ、訓練することで、朗々たる修羅場調子を読むことができるようになるのです。

講談はお客と一緒に作り上げるもの

それから、講談や落語の寄席では、客席の照明を落としませんから、お客の表情がよく見えます。

私は昔、役者をしていたので、講談の世界に入ってからは、しばらく戸惑いました。芝居は客席の照明を落としますから、寄席のように遠くの席まで表情は見えません。

よく考えると、歌舞伎などの舞台では、役者が化粧をして、大道具や小道具で造られた別空間を共有しますが、寄席の場合は同じ明かりの下、同じ空間を共有します。

寄席というのは、お客により近い存在なのです。

これは、お座敷で講談をやっていたころの名残りでしょう。

現在の寄席でも、高座はお座敷を模倣した作りになっています。その代表的なものが、次の章で解説する、東京都・新宿にある寄席「新宿末廣亭」の高座です。高座の下手には床の間があり、後方は杉戸になっていますし、額が飾られています。あれは、〝部屋の中〟を表したもの。寄席というのは、舞台ではなくお座敷の延長なんです。他の寄席でも杉戸に額は同じですが、床の間があるのは末廣亭だけです。

前出の辻で軍談や講釈を読む「辻講釈」は、雨の日や風の強い日に辻（道）で読んでいても、お客は集まりません。そこで、雨風がしのげる空き部屋や空き家のお座敷を借りるようになります。さらに人気が出ると、より広い場所へと移動し、やがて専用の講釈場が作られる――、このような歴史があります。

寄席や講釈場の原点はお座敷。一つの部屋に集まって、同じ明るさの中で講釈をやりました。

つまり、寄席というのは講談師が高い場所で一方的に読み聞かせをするのではなく、「お客と一緒に作り上げるもの」なのです。お客の表情を見て、同じ「呼吸」になるのです。

引けば押す、押せば引く。

これを私は「シャボン玉理論」と名付けています。

薄さ一千分の一ミリという薄いシャボン玉の膜の中に、お客と一緒に入ることができれば、最高です。呼吸が揃って、一体化しているのを感じます。

しかし、ほんのわずかでも、お客の呼吸とずれると、パチンと割れてしまう。

それくらいデリケートなものです。

成功するのは、数年に一回あるかないかでしょうか。お客と同じ呼吸になるというのは、そうそうありません。それが何年かに一回くらい、見えないシャボン玉の中にお客と入ることができるのです。そういうときは、高座を降りた後のお酒がうまいです。

成功しやすいのは、観客の多さにも関連があるかもしれません。全体に目が届き、顔がはっきりと見える二百人ぐらいがちょうど良いと思います。

令和二年（二〇二〇年）五月ごろは、新型コロナウイルス感染拡大の影響で、収録用に無観客で読むことも多々ありました。お客の反応が見えないので、やりづらさはあります。

ただ、若いころにはテレビ、ラジオの無観客での収録なども随分経験しましたから、驚きません。昔の収録は、無観客のカメラの前で一席やっていたんですから。今では、テレビ収録でも五十人程度のお客をスタジオに入れるようになりましたので、非常にやりやすくなりました。

講談には夢がある

勧善懲悪が根本の講談は、必ず悪が滅びて正義が勝ちます。

今は本当に苦労しているのだけれども、やがてその努力が報われたり、理解される日が訪れて、ハッピーエンドに終わります。

その過程に男の美学が存在し、夢があるのです。

講談を聞けば、自分自身も負けずに立ち向かう前向きな気になりますし、物語と自分の人生を重ね合わせて、「いつかきっと自分も……」と救われることもあるはずです。講談で勇気づけられることもたくさんあるのです。

夏の風物詩である怪談でさえ、よく考えてみると「めでたし、めでたし」です。幽霊になり、悪を懲らしめ、恨みを晴らすわけですから。

いま、新型コロナウイルス感染拡大などで、元気を失くしている世の中です。つらく苦労している人も多いでしょう。

人間は、夢がないと生きていられません。

心に講談があれば、どんなに今がつらくとも最後はハッピーエンドだと耐え忍ぶことができるはず。

こんな時代だからこそ、講談の夢の力が必要だと改めて感じています。

この章の最後に、講談をより楽しむためには日本の歴史に興味を持つことが一番良いかもしれません。

そうすれば、主人公の心情などがより理解できたり、その時代の倫理観や文化的な背景がわかったりして楽しいのではないでしょうか。

そして、さまざまな個性をもった講談師がいますから、いろいろな講談を聞いてほしいと思います。

第三章

講談はどこで聞けるのか

ここまでの解説で講談自体についてご理解いただけたところで、実際に聞ける場所について解説したいと思います。

都内の四大寄席

講談は、ぜひ寄席に足を運んで聞いていただきたいと思います。

寄席とは、講談のほかに落語・浪曲・漫才などのほか、曲芸・マジック等々の芸能が見られる演芸場のことで、全国にありますが、都内の「四大寄席」と呼ばれる次の寄席が特に有名です。

・新宿末廣亭
・浅草演芸ホール
・池袋演芸場

・鈴本演芸場

いずれも、三百六十五日休まず興行を行う定席《じょうせき》です。

ただし、これらはすべて落語の定席で、「落語芸術協会」や「落語協会」に所属している一部の講談師が出演しています。

新宿末廣亭

四大寄席には、それぞれ特徴があります。

新宿末廣亭（新宿区新宿）は、唯一、一階の左右に桟敷席を備えています。日本の寄席では現存する最古の木造三階建て、手書きの寄席文字で書かれた看板や提灯が通りに面して並んでいるところなど、非常に雰囲気のある寄席です。桟敷席では、靴を脱いでくつろぎながら寄席を楽しむことができますし、そういう意味では、「寄席らしさ」を存分に味わえるのではないでしょうか。

明治三十年（一八九七年）に創業した当時は、明治通りに面した繁華街の一角に位置していたようですが、戦争で焼失し、昭和二十一年（一九四六年）に現在の位置に再建されました。

寄席の出入り口を「木戸」と呼ぶことから入場料を「木戸銭」、受付のことは、チケットが訛って「テケツ」と呼びます。とくに事前予約はなく、当日、テケツで木戸銭を払って入場します。

寄席は、昼席と夜席の二部構成に分かれているのが一般的で、多くの寄席は入れ替えがないので、なんなら昼から夜（十二時から二十一時）までいてもいいんです。

もともと寄席とは、好きなときに入って好きなときに出て行っても良い気軽な場所なのです。アルコールは禁止ですが、飲食自由で、途中入場も退出も可能。

私は平成十四年（二〇〇二年）から、冬（十一月）に『赤穂義士伝』、夏（七

新宿末廣亭

（外観）

（内装）

月）に「怪談噺」のネタ出し講談（事前に演目を発表すること）を行うのが、恒例行事になっています。

古くから出演している新宿末廣亭でとくに記憶しているのは、二代目の女将である杉田恭子さん、現・四代目の真山由光社長の実母に当たる方との語らいです。楽屋の待ち時間中、いろいろな話をしてくださいました。

私は二階の楽屋を使わせてもらっていますが、楽屋火鉢といって、楽屋の中心に火鉢が置いてあるのが決まりもの。楽屋火鉢の前に座って、芸界の昔話や芸人の裏話、芸人の在り方、お客の声――、などさまざまなことを教えてもらい、随分と勉強になりましたし、励みにもなりました。

寄席の経営者は、何十年もの間、多様な芸人と関わりますし、何といっても朝から晩まで開演中、すべての高座をモニターで聞いています。したがって芸界に最も詳しく、またお客の代弁者でもあります。お客からの感想や世相の変化、そういったことも女将から聞いて参考になったことが何度もありました。

浅草演芸ホール

定期的に観光バスが停まり、往年の常連客だけでなく、多くの観光客が訪れる寄席です。

浅草という場所柄もあり、華やかで活気ある雰囲気が漂う浅草演芸ホール（台東区浅草）は、一階席と二階席を合わせて、都内最大の三百四十席。外観も、カラフルなのぼりが立ち、目立っています。いつも入り口付近で半被姿の呼子が、大きな声で呼び込みをしているのも名物です。

新宿末廣亭と同じく、昼夜の入れ替えはありません。出演者の数も多く、落語や講談の他にも、「色物」と呼ばれる漫才、漫談、コント、マジック、紙切り、曲芸などの出し物が豊富ですから、自分好みの芸人を探しやすいかもしれません。外看板に当日の出演者の名札が出ていて、黒字が落語と講談、赤字はそれ以外の「色物」。この看板の写真名札の色に由来し、落語と講談以外の芸を色物と呼ぶようになったと言われています。

その他の特徴は、出演者も観客と同じ出入り口から楽屋入りをすることでしょうか。

ここはさまざまな芸能人を輩出したことでも有名です。

その歴史は、昭和二十六年（一九五一年）に開業したストリップ劇場「浅草フランス座」が土台で、ショーの合間にコントなどの軽演劇を上演していました。そのころ、人気を博していたのが渥美清さんで、現在私が主に使わせていただいている二階の楽屋は、渥美清さんが使っていたそうです。松倉久幸会長から、「ここに渥美がどっかりと座っていてね……」なんて話を聞きました。

東京オリンピックが開催された昭和三十九年（一九六四年）、増築した四階・五階に造られたのが落語定席の「浅草演芸ホール」です。現在の一階・二階になったのは、昭和四十六年（一九七一年）からです。

浅草演芸ホールには、いまや人気者になった看板猫の「ジロリ」がいます。

浅草演芸ホール

昔から猫を飼う寄席は多く、とくに建物が古くて繁華街にある寄席には、ネズミが出るのです。ネズミ退治のために、猫を飼うようになったようです。

ジロリはお客のマスコットであると同時に、芸人からも人気。新聞の記事で取り上げられ、最近では書籍にもなりました。

猫といえば、こんな思い出があります。

私がまだ若手のころ、名古屋市にある「大須演芸場」(名古屋市中区大須)に出演したときのこと、高座を一生懸命務めていたら、笑う場面でもないのにお客がどっと笑ったんです。なんだろうとイヤな予感がして、ひょいと見たら、猫が我が物顔で私の後ろを横切っていました。

そんな思い出のある大須演芸場は昭和四十年(一九六五年)に開場し、一時は常打寄席として賑わっていましたが、平成二十六年(二〇一四年)に一度閉館。しかし、翌年九月に大改修工事を経て、きれいな寄席に生まれ変わっています。

池袋演芸場

池袋の北口・西口から徒歩三分。繁華街入り口ビルの地下二階にあるのが、池袋演芸場（豊島区西池袋）です。

講談の一席は、基本的に三十分で出来上がっています。新宿末廣亭や浅草演芸ホールでトリを取るときは私は持ち時間を三十分いただきますが、それ以外は一人十五分。その寄席によって違いますが、池袋演芸場は、持ち時間が二十分と比較的長く、講談や落語は玄人好みのしっかりした物を読んだり話したりすることが多いです。

また、客席が都内で最も少ない九十二席とコンパクトで、お客一人ひとりの表情をはっきり確認できるほど、客席との距離の近さが魅力でしょう。

寄席は、上席《かみせき》（一日〜十日）、中席《なかせき》（十一日〜二十日）、下席《しもせき》（二十一日〜三十日）と一カ月を三分して、十日間興行します。この十日間を「一芝居」と呼びます。

池袋演芸場の上席と中席は、昼の部と夜の部の二回公演で昼夜の入れ替えはありませんが、下席の昼の部は開演時間が遅く設定されていて、夜の部は日替わりの特別興行、入れ替え制になっています。

どの寄席に行くのにもドレスコードはありませんから、仕事帰りにでも気軽に寄ってもらえば良いと思います。ただ池袋演芸場では浴衣や着物を着ていくとちょっと割引してくれますから、たまにはおめかしして出掛けるのも良いかもしれません。

ここは昭和二十六年（一九五一年）に創業し、平成二年（一九九〇年）から改築のため休業していましたが、平成五年（一九九三年）九月に再開し、今ではきれいになりました。

以前は、靴を脱いで畳部屋に上がり、自分で座布団を敷いて聞く寄席でしたが、現在は椅子席です。

池袋演芸場

まだ改装する前の楽屋は、高座の真裏にありました。幅一メートル程度の細長い楽屋で、芸人が横並びにずらりと並んで出番待ちをしていたのです。楽屋仕事に忙しい前座が、師匠や先輩のそばを「前を失礼します」と急ぎ足で行き来していたものです。

鈴本演芸場

安政四年（一八五七年）に誕生した「軍談席本牧亭」が前身で、最も歴史がある老舗の寄席です。現在は、ビルに建て替えられています。

上野公園のそばにあり、落語を中心に講談、漫才、曲芸、ものまねなど幅広い演目が行われ、十日ごとに演目が変わります。

二八五席と程よい広さで、後ろの席になるにしたがって緩やかに高くなっているので、どの席からも見学しやすく聞き取りやすい工夫がなされているのも特徴です。

席には折りたたみの小さなテーブルが付属していて、お弁当やお茶なんかを置いて飲食するのに便利。パンフレットを見たりメモをとるのに使うお客も多いようです。

昼の部と夜の部は入れ替え制。夜の部の開演は午後五時半からで、他の寄席と比べて遅いスタートになりますし、興行の時間も三時間ほどですから、ゆっくりと話を聞くことができるでしょう。

開場と終演の時間になると、切符売場の上にある太鼓を前座が打つ姿を見ることができます。一日に四回、昼の部と夜の部の始めと終わりに鳴り響く太鼓の音が名物です。

鈴本演芸場は現在落語協会だけの定席となっており、私の所属する落語芸術協会は出演しておりませんことを、念のため、申し添えます。

鈴本演芸場

（外観）

（内装）

その他の寄席

その他の主な寄席ですが、

・国立演芸場
・お江戸上野広小路亭
・お江戸日本橋亭
・お江戸両国亭
・新宿永谷ホール

などでも、講談を聞くことができます。

国立演芸場

最高裁判所の隣にある国立演芸場（千代田区隼町）は、天井が高く、床は赤い絨毯。三百席を持つ広くて立派な寄席です。

昭和五十四年（一九七九年）に開場し、開場三十年を迎えたとき、江戸時代に活躍した浮世絵師・葛飾北斎の代表作「凱風快晴」の赤富士を絵柄にした立派な緞帳が取り付けられました。

特別公演枠では、若手が出る「花形演芸会」や、一流の演者が揃う「国立名人会」などを開催しています。

寄席には珍しく全席指定席。前売り券があり、インターネットでも購入できるため、幅広い客層が聞きに行きやすいと思います。

二階に高座と客席、一階には入場無料の演芸資料展示室があり、隣接する伝統芸能情報館は貴重な資料が揃っているので、講談の歴史を調べたいときなどに利

国立演芸場

（外観）

（内装）　写真提供：独立行政法人日本芸術文化振興会

用しています。もし、講談を聞いて興味が湧いてきたらここを利用するのがよいでしょう。

永谷商事の演芸場

さらに、「日本講談協会」の定席として、永谷商事が席亭を務める演芸場が四つ。平成八年（一九九六年）に始まった**お江戸上野広小路亭**（台東区上野）は昔ながらの寄席といった感じで、常連が多いイメージ。現在、毎月一日から十五日までの昼席は落語芸術協会の定席としており、後は自主興行、もしくは貸席としての公演です。

講談だけの場合は、一席三十分、たっぷり読みます。

昔の講談師は一席三十分でまわし、私が若いころは四十分、五十分と平気で読む人がまだまだ残っていました。だんだん短くなって、最近の寄席は一席十五分も当たり前ですから、講談をじっくり聞きたいという人にはお勧めです。

余談ですが、私が前座のころは、前座でも三十分読んでいました。いまは落語と同じで、前座は五分程度。長くても十五分と短くなりました。

ここでは、お客は正面入り口で履物を脱ぎ、スリッパに履き替えます（現在はコロナウイルス対策でスリッパは使用していません）。畳に座椅子を並べた席とパイプ椅子が百席あるかないかの狭い場所で、高座と客席が近いため、声がよく響くなと感じます。

毎月下席には、私たちが出演する「講談広小路亭」を開いています。

お江戸日本橋亭（中央区日本橋本町）は、平成六年（一九九四年）にできました。日本講談協会が主催する「若葉会」が月二回平日に開催され、前座・二ツ目が出演するなど、若手披露の場でもあります。

最も古い平成二年（一九九〇年）にできた**お江戸両国亭**（墨田区両国）は、円楽一門会の両国寄席（毎月一日〜十五日）としてもおなじみですが、ゲストも多

お江戸上野広小路亭

上野広小路亭
お江戸
日本橋亭
両国亭
立花証券
演芸場
お江戸上野広小路亭
お江戸上野広小路亭
お江戸上野広小路亭

く講談師もよく出演しています。

それから新宿区歌舞伎町にある**新宿永谷ホール**。平成四年（一九九二年）に始まり、お笑いライブや演劇公演などの小劇場として知られていますが、古典芸能も行われています。日本講談協会では二カ月に一度、「講談新宿亭」を開催しています。

テレビやラジオ、ネット配信

初心者ほど、まずは寄席に行って生で聞くのがお勧めですが、テレビやラジオでも講談に触れることができます。

毎週日曜日、NHK　Eテレで放送されている古典芸能番組『日本の話芸』では、収録した落語と講談を取り上げており、私も時々出演しています。いずれもベテランクラスが出演しており、本物の話芸が楽しめる貴重な番組です。

毎年夏ごろには、昭和四十七年（一九七二年）から続くNHK主催による『NHK講談大会』が開かれ、秋口にテレビ放送もされます。

私も長い間定期的に出演しています。ただ令和二年（二〇二〇年）は、残念ながら新型コロナウイルスの影響で中止となってしまいました。

ラジオではNHK『ラジオ深夜便』の、毎週日曜日深夜一時ごろからの『話芸100選～名人芸を味わう』のコーナーで、日によって講談が放送されています。

今時ならば、ネット配信動画などでも講談に触れることができるはずです。日本講談協会公式の『神田伯山ティービィー』（ユーチューブ）は、人気の高い伯山の講談収録動画や、真打昇進披露興行の動画などを見られます。

新型コロナウイルスと共存が必要な時代ですから、寄席も人数制限をするなど、ますます行きにくいと感じる人が増えてもおかしくありません。若手の芸人を中心にネットを通して情報発信も行っていますから、現代文明の利器を上手に利用すればよいのではないでしょうか。

テレビやネット配信は、これからの講談師にとっても格好の武器になるでしょう。

日本で唯一の演芸専門誌『東京かわら版』

寄席は予約の必要がなく、気が向いたらふらりと行けるのが良いところです。どこの寄席でどんな芸人が出るのかを知りたい場合は、日本で唯一の寄席情報誌『東京かわら版』が便利です。

これを読めば、噺家や講談師が毎日のように、どこかの寄席や会に出演していることがわかるはず。

前出の寄席だけでなく、人気や実力のある講談師は、ホールなどを貸り切って一人舞台の「独演会」を催すことがありますし、たとえば蕎麦屋や寿司屋、商店の広間や市民会館などの場所を借りて行われる、いわゆる「地域寄席」は月に数百もあります。

日本で唯一の演芸専門誌『東京かわら版』

東京かわら版には、それらの寄席情報、大小の会をとりまぜて毎月千件以上が紹介されています。その多さに驚くのではないでしょうか。

大型書店などで手に入ります。Ａ５サイズより少し大きめのポケットサイズで、毎月二十八日発行。最新号を持参すると入場料を割引してくれるところもあるので、忘れずに持っていくと良いでしょう。

表紙をめくると、演芸に関する読み物や話題の芸人のインタビュー記事などが掲載されています。目当ての芸人がいるなら、掲載日別出演者索引から名前を引けますし、寄席案内は日付・開演時間順に掲載され、コンパクトにまとまっています。

いろいろな場所でバラエティー豊かな寄席が開かれていますから、ぜひ足を運んで、多種多様な講談師に出会ってみてください。

懐かしき本牧亭

かつて、講談専門の講釈場もありました。

それが、御徒町から上野公園に向かった広小路の先にあった「本牧亭」です。日本でただ一軒の講談の定席で、看板が外された平成二年（一九九〇年）まで、紆余曲折ありながらも、百五十年間の歴史を刻んできました。本牧亭は、その後しばらく他の場所で興行をしておりましたが、平成二十三年（二〇一一年）に幕を閉じました。

本牧亭の席亭だった石井英子女将は、落語の定席である現「鈴本演芸場」の席亭と親戚同士です。英子さんの父、鈴木孝一郎氏、すなわち大旦那は鈴本演芸場の三代目にあたり、戦争で焦土となった上野に講談定席をつくり、娘の英子さんに経営を任せたようです。

本牧亭の古い姿は昭和二十五年（一九五〇年）開店当時のままの木造二階建て

で、ぎしぎしときしむところがありました。

二階が狭い講釈場で、集まるのは常連の年配者ばかり。講談は昼席で、夜席は新内や落語や浄瑠璃の会に貸していました。

その後、昭和四十七年（一九七二年）に鉄筋コンクリート造りのしっかりとした建物に変わり、四十畳ほどの畳席で百五十人で一杯になるくらいの広さでした。

私の初高座も、昭和四十五年（一九七〇年）の本牧亭。演目は『鉢の木』の言い立てです。わずか五分の高座でしたが、大声を張り上げました。

寄席に出て地方も回りましたが、やはりホームグラウンドは本牧亭でした。真打昇進披露の興行で初めてトリを取ったのも、ここ。

本牧亭に育てていただいたようなもの。懐かしいです。

私が前座・二ツ目のときは、講談の人気は陰っていて、本牧亭に来るお客もまばら。良いときには担当のお客が訪れたようですが、私の若いころは入場者も少なくて、本牧亭を続けていく難しさもあったはずです。

第四章

講談の有名な話は

講談は、戦国時代を起源とする歴史の古い芸能ですから、多種多様な演目があり、それぞれ種類に分かれています。この章ではどのような演目があるのか、解説したいと思います。

講談の種類——軍談・御記録物・世話物

まず大きくは、次の三つに大別できるでしょう。

・合戦の話である「軍談」
・将軍家や大名など諸家に伝わる記録を読む「御記録物」
・市民の事件や出来事を題材にした「世話物」

それぞれの特徴は以下のようになります。

・軍談

「軍談」は、『源平盛衰記』『太平記』『川中島合戦』『桶狭間戦記』『信長記』『太閤記』『三方ヶ原戦記』『長篠の合戦』『山崎戦記』『賤ヶ岳戦記』『小牧・長久手の合戦』その他数多くあります。

中でも、私が割合多く演じているのが、『那須《なすの》与一《よいち》　扇の的』。源平盛衰記や平家物語の中で、もっとも有名な部分でしょう。

源氏方の弓の名手・那須与一が、見事に扇を射ち落とす名場面です。

讃岐国（現・香川県）の屋島。海沿いで向かい合う源氏と平氏。平氏軍から、扇が竿の先に括りつけられた一隻の舟が前に出て、源氏軍に向け「この扇を射ぬいてみろ」と挑発すると、源義経はこれを受け、この難題を引き受けたのが那須与一。

辺りは夕暮れ、狙うは海上で揺れる小さな扇の的。挑戦に失敗すれば源氏軍は面子が丸潰れ。与一は馬を海に乗り入れ、失敗すれば腹を切って自害するほどの覚悟を持って放った矢は、見事に扇を射ぬき、両軍ともその腕に感嘆する……。

講談らしい言い立てが多く、リアクションも大きい。最後の扇を射る場面は緊張感もあり、大きく盛り上がります。これは馬場光陽先生に教えていただきました。

・御記録物
「御記録物」は、諸家に伝わる記録や伝記が主で、昔の講釈師は、「天下の御記録読み」と自負を持っていたようです。

しかし、次第に裏話へと変化し、「御家騒動物」、俗に「金襖物《きんぶすまもの》」と呼ぶようになりました。

主な物語を挙げると、『伊達評定』『両越評定』『黒田騒動』『仙石騒動』『柳澤騒動』『鍋島猫騒動』などがあります。

講談の代表的な演目であり、日本人の大好きな物語、主君の仇を討つ赤穂義士の忠義と葛藤を描いた『赤穂義士伝』も「御家騒動物」に含まれますが、既に独立したジャンルと言えるかもしれません。

・世話物

「世話物」は、特に当時の世相や風俗を現し、庶民生活を写実的に描いたもの。武家社会だけでなく庶民の事件を取り扱う、まるで現代のテレビのワイドショーが話題にするような話がたくさん作られました。

一説には、〝生粋の世話物〟という意味で「生世話《きぜわ》」（あるいは、真の世話物というので「真世話《まぜわ》」ともいう）と呼んでいたそうです。

『天保六花撰』『吉原百人斬』『左甚五郎』『安政三組盃』『小夜衣草紙』『紀伊国屋文左衛門』などが挙げられます。

私は、『天保六花撰』のうち『松江侯玄関先の場』『丸利の強請』『玉子の強請』などをよく高座にかけます。

『天保六花撰』は、世話物の連続講談で、講談中興の祖といわれる二代目松林伯圓の作。河内山宗俊、片岡直次郎、金子市之丞、森田屋清蔵、暗闇の丑松、三千歳、この六人が主人公です。

それに出てくる『玉子の強請』は、河内山宗俊が活躍する物語で、強請で極悪商人を脅しあげて雇人を助ける、胸のすくような話になっています。これは五代目神田伯山先生が得意としていたもので、踏襲させていただいております。

世話物の分類

「世話物」の中でもさらに、細かく分類されています。

・白浪物

泥棒の話です。

最も有名なのが『鼠小僧次郎吉』でしょう。江戸時代の大泥棒「次郎吉」の一代記。貧しき者を救い、不善をなす者を挫く義侠心と人情味溢れる話です。

また、『天明白浪伝』の中にも良い話がたくさんあります。浅間山が大噴火した混乱期の江戸・天明時代、盗みや殺しの悪事がはびこる中で活躍した盗人たちの話。義理を果たすため命の危険を顧みずに働いたり、真面目にやってきた者がきちんと報われたり。神道徳次郎、八百蔵吉五郎、稲葉小僧新助などが活躍します。

その他、白浪物といえば、すばしっこく小猿と呼ばれた〝七之助〟を主人公にした『小猿七之助』。雲霧仁左衛門を首領とする、因果小僧六之助、素走り熊五郎、木鼠吉五郎、おさらば伝次の五盗賊の話『雲霧五人男』など。

梅雨から夏場にかけてよく読まれるのが『いかけ松』。元・鍛冶屋の男が、悪党の道に入り、〝鋳掛松《いかけまつ》〟と呼ばれるようになる話です。

そして、日本最大の悪女と評される女性の泥棒『妲妃のお百』などがあります。

・侠客物

元締衆や人入れ業、侠客の話です。今でいう人材斡旋業と考えればわかりやすいでしょう。

有名どころでは『幡随院長兵衛』があり、江戸時代前期の町人で侠客の元祖とされている男の物語。侠客物の王道です。私は師匠である二代目神田山陽から全部教わりました。

その他、江戸の人入れ稼業の元締・伊賀屋勘五郎が、松平出羽守の愛馬・夕立という暴れ馬を張り飛ばして、夕立と異名をとった話『夕立勘五郎』。

江戸の侠客『花川戸助六』と『祐天吉松』の人情話。

そして、江戸の花形であった火消しの中でも、〝男の中の男〟と言われた『野狐三次』の名作があります。捨て子から火消しとなり、火事に喧嘩に人助け、恋愛模様に、生き別れた妹との再会、敵討ちとさまざまなドラマが展開し、最後には頭取に出世する、粋と人情が味わえる物語です。中でも『木端売り』の場面は、三代目神田ろ山先生からの直伝で私も持ちネタとしております。

・三尺物

博打打ちの話。俗に無職渡世《ぶしょくとせい》、略して渡世人《とせいにん》。

弱きを助け、強きを挫くを信条としたアウトローたちが大活躍する、いつの時代も人気の演題です。

三尺物の語源は、博打打ちが三尺の帯を締めていたからという説が有力ですが、また一説には侍は大小刀の二本差しを許されていましたが、庶民は一本の脇差。それも、旅をする名目で脇差が許されていたのですが、博打打ちは、三尺にも及ぶ大脇差を差していたところから、任侠物を三尺物と呼ぶんだとも言われています。

たとえば、清水次郎長一家の面々が織り成す義理人情あふれる『清水次郎長伝』、上州（群馬）の大親分『国定忠治』。中でも、『忠治山形屋』がよく読まれます。その国定忠治の保護者的な役割をしていた『大前田英五郎』の活躍も面白い。

下総銚子の大親分『銚子の五郎蔵』『信夫の常吉』なども三尺物です。

連続物である『天保水滸伝』は、実際にあった二大ヤクザの抗争事件を取り上げたもので、男の美学の典型『笹川の花会』はそのうちの一席です。

・武芸物

剣豪を扱った話で、『宮本武蔵』『荒木又右衛門』といった、負け知らずの剣豪が登場します。

『荒木又右衛門』の中でもとくに、鍵屋の辻での敵討ちを描いた『伊賀の水月』、お芝居では『伊賀越道中双六』が有名です。

他に、父親の腕試しにあって右目を失った柳生十兵衛の隠密旅行中の、戦いあり、成敗ありの『柳生旅日記』、槍術・宝蔵院流の名手『笹野権三郎』、諸国を漫遊しながら大蛇やヒヒを退治し、宮津の天橋立で父親の仇を討った豪傑の伝説『岩見重太郎』なども有名です。

また、生涯数多くの合戦や勝負をしながらも、一度も負傷しなかったという伝説的な剣豪『塚原卜伝』、馬術の名人曲垣平九郎・向井蔵人・筑紫市兵衛の三人が主人公の『寛永三馬術』なども演題に上がりやすいと思います。

・お裁き物

別名、「政談」といいます。

テレビドラマで大人気の『水戸黄門記』や、名奉行『大岡越前守』も、元は講談種です。

中でも有名なのは『大岡三政談』で、『徳川天一坊』『村井長庵』『畔倉重四郎』がそれです。特に『徳川天一坊』は私の師匠、二代目山陽の十八番物として大事にしていたもので、現在神田山陽一門のお家芸となっております。もちろん私もこの三政談は全部やります。『大久保三政談』『遠山政談』『大島屋騒動』なども、時代劇として馴染みがあるのではないでしょうか。

・名僧伝

お坊さんの話です。

『日蓮記』『白隠禅師』が有名です。

『祐天記』『良弁杉由来《りょうべんすぎのゆらい》』などの読み物もあります。

・名刀伝

有名なのは、最も著名な刀工「正宗」の話でしょう。

多くの逸話や伝説をまとめた「正宗伝」には、義理の母親に対する忠を描いた『背割り正宗』などがあります。

・怪談物

幽霊や化け物などを主題にした話で、夏の風物詩です。

代表は、夫に裏切られたお岩が、幽霊となって復讐を果たす『四谷怪談』でしょう。

また、お菊の亡霊が皿を数える『番町皿屋敷』、恋焦がれて死んだ美しい娘の幽霊が夜ごと愛しい男を訪ねる怪談『牡丹燈籠』を加えて、「日本三大怪談」に数えられています。

『牡丹燈籠』は人間の業を描いた怪談集「円朝物」であり、他にも円朝物の『真景累ヶ淵』『乳房榎』などの怪談がよく読まれます。

・芸道物

いわゆる役者伝です。

幕末に活躍した名優『名人小団次』、江戸時代の歌舞伎の世界を舞台にした『沢村淀五郎』、江戸時代中期の歌舞伎役者『中村仲蔵』など。

講談の『名医と名優』は、眼科医の半井源太郎と、当時日本一の役者といわれた三代目中村歌右衛門の話ですが、映画で長谷川一夫主演『男の花道』というタイトルでヒットしてから、講談でもそのタイトルを使用するようになり、私は一龍斎貞丈先生から『男の花道』として教わりました。

・力士伝

伝説の力士が出てきます。

『寛政力士伝』は、寛政時代に活躍した、谷風梶之助、小野川喜三郎、雷電為右エ門、越ノ海勇蔵といった名力士の逸話。

とくに、四代目横綱・谷風は人間的にも優れた人物で、〝谷風の七善根〟としてその逸話が残っているほどです。

そのうちのひとつが『谷風の情け相撲』。人格者の谷風が、たった一度だけ八百長相撲をして相手に勝ちを譲る人気の演目です。

大変貧しい十両の力士・佐野山権兵衛は、長患いの親を看病するため薬代に追われ、稽古もできず初日から連敗続き。これ以上位が下がれば引退となり、親の治療費も厳しい状況。これを知った谷風は、佐野山との対戦を願い出て、当日わざと土俵から足を割り出し、勇み足で佐野山の勝利。天下の横綱を破った佐野山は多額の祝儀を受け取り、親の看病を続け孝行することができた――。

大変人情に厚い力士だったことがわかります。

・幕末・明治物

幕末〜明治時代を舞台とする話です。

私の師匠、二代目神田山陽が得意にしていた『青龍刀権次』は、名作中の名作。明治時代の東京を舞台にした『正直車夫』は邑井貞吉先生の十八番にしていたものでこれもいい講談です。

私は、新作講談で『沖田総司』『西郷隆盛』『坂本龍馬』などもやったことがあります。

新作講談とは、オリジナルで講談を作ることです。速記本として残っていなかったり、残っていたとしても事実を羅列した、講談としてはドラマ性がなく面白みのないものは、自ら創作することが多いです。

その他のジャンル

現代に近づくと、「ニュース講談」「政治講談」「財界立志伝」「偉人伝」「スポーツ講談」など、さまざまな題材を切り取った新作講談が出てきました。

名作の小説を自分なりに解釈した「文芸講談」のように、明治時代から新たに加わったジャンルもあります。

たとえば、森鴎外原作『高瀬舟』。

私も、いくつかやりました。菊池寛の小品『形』や、芥川龍之介『蜘蛛の糸』などです。もともと『形』はとても好きで、中身が講談みたいなんです。役者時代からよく朗読していました。

菊池寛には思い入れがあって、私が二ツ目のころだったでしょうか。若手の浪曲師と講談師、落語家が集まり、『蜘蛛の糸』を題材にした会を開いたことがあります。浪曲師は亡くなった玉川福太郎さん、落語は廃めてしまった桂京丸さん。講談は、一龍斎貞心さんと私でやりました。皆、ほぼ同期なんです。

貞心さんは、原作をそのまま朗読するというから、同じだと面白くないだろうと思い、オリジナルを一席作ろうと考えました。そこで思い出したのが、芥川にライバル意識を持っていた菊池寛が、『蜘蛛の糸』の一年後くらいに発表した『極楽』という短編小説です。

どういう内容かというと、念仏の信仰の篤い一人の老女とその夫が、極楽浄土の世界で十年、五十年、百年と過ごすうち、のどかな日々に飽きて、地獄に憧れを持つ話なんです。

私は、この話を『蜘蛛の糸』とミックスさせ、カンダタの弟分でオリジナルの人物〝アキハバー〟を、蜘蛛の糸で極楽に登らせました。彼は蓮の上で地獄を脱出できたことを喜び、平和な日々を過ごすのですが、数年過ぎ、百年も経つうちに身の置き所がなくなり、あの血の池や針の山が懐かしくなって、池に飛び込み地獄に戻った――という一席にしました。

圧倒的に古典を読む講談師のほうが多いですが、時事ネタや伝記、好きな人物伝をもとに新作を発表する講談師もいます。その代表が「ヒゲの一鶴」と呼ばれた田辺一鶴先生でしょう。

私は真打になってから、「ビジネス講談」を三十席ほど作りました。昭和五十五年（一九八〇年）ごろです。評判になって、日本中を回りました。

初めて作ったのが、セカンドライフを題材にした『惑いからの出発』です。それから、中年の危機を題材にした『惑える戦士達』、戦国時代の英傑、信長、秀吉、家康のエピソードを比較しながら、名調子のさわりを入れる『歴史に学ぶリーダーの条件』なども作りましたし、新入社員向けに、豊臣秀吉の仕事ぶりから学ぶ『創造的新入社員像』『安全講談』『QC講談』なんていうのもつくりました。

当時は全国の企業から、引っ張りだこでした。『善悪リーダー心得帖―神田松鯉ビジネス講談集』という本もそのころ出しました。

ジャンルの歴史

ここまで紹介した講談のジャンルがどのように変化したかと言いますと、まず前に説明したように、「太平記読み」と「軍書講釈」が江戸初期に融合し、現代の講談の形に近づいてきました。

しかし人気を博すごとに、軍談ばかりだと飽きられます。

そこで講談師は、戦で目立つ働きをした英雄や豪傑の話を取り入れ、「英傑伝」として伝えました。

それらの英雄や豪傑たちは、大名やあるいは藩の重臣となり、次第にその家や藩の歴史にふみ込んだ話が出てきます。藩を乗っ取ったり、お世継ぎ問題で派閥に分かれて揉めたりした御家騒動を、御記録物としてまとめたのです。

お家騒動になれば悪人が出てきますから、善悪が描かれるようになると、だんだんとドラマチックな展開になるわけです。

すると「犯罪の陰に女アリ」といって、物語に女性が登場し始めます。

それはもう格好のドラマですから、記録を読むだけでなく、会話が非常に重要視されるわけです。悪を企む会話や、正義が悪を糾弾するセリフが加わると、よりリアリティを求めるようになり、軍談やお家騒動とは関係のない世話物が生まれ、次々と読まれるようになりました。

このように歴史的に俯瞰すると、講談は世の中のニーズに合わせて変化し、やり方を変えてきたのです。

赤穂義士伝

講談には、赤穂義士の討ち入りの話が豊富に残り、本伝、銘々伝、外伝含め、三百前後の演目があります。

それだけ大江戸八百八町が驚いた、センセーショナルな事件だったのでしょう。一説には、歌舞伎よりも早く講談として読まれたそうですから、事件があった当時、講談師がいち早く取材し、広めたのかもしれません。

そういう意味でいえば、講談師はテレビキャスターであり、ニュースを伝える役割を併せ持っていたと言えます。

三百年以上前の話ですが、赤穂義士たちの人情というのは、現代の日本人にも通ずるものがまだまだあります。

ただ、最近ではこの話を知らない若い人も多いようです。

その原因のひとつとして、時代劇の人気がなくなり、年末に、赤穂義士の討ち入りをテレビで放送しなくなったこと。それから、「忠義」というものが、今の若い人にはピンとこないのではないかといいます。

主君や国家のために命懸けで尽くす、という行為が、組織より個人を優先させる傾向の強い現代では、なかなか理解されにくいのでしょう。

社会体制が違うのですから、「忠義」という言葉に対する抵抗があるのはその通りだと思います。

たとえば、信頼関係や絆などの言葉に置き換えてみれば理解しやすいのではないでしょうか。そうすれば、相手に対し真心を尽くして向き合うことに等しいのだと、感じることができるはずです。

連続物と端物

「この続きはまた明日の連続として、今日はこの辺でおいとまを……」

昔の講談師は、こう繰り返して、長編の講談を何日も、あるときは数カ月かけて読んでいました。

それを「連続物」と呼び、連続ドラマのように何十席もある長い話を指します。一席で完結する独立した話は「端物《はもの》」または「一席物」と呼びます。

連続物は、時代の変化にともない上演する機会が非常に少なくなっていますが、かつてトリを務める真打は皆、連続物を読んでいたのです。

私は講談のバックボーンは連続物にあると信じ、長年ライフワークとして大事にしてきました。

なぜなら、それが講談の王道であり、醍醐味だと思うからです。

どんな話が続くのだろうと一話聞けばまた一話と、楽しみが倍々に広がるのが魅力。

私が一番長くやるのは『赤穂義士伝』。一席は三十分以上。本伝だけで四十七席にまとめました。もちろん、四十七士に合わせてです。そのほか、義士銘々伝や外伝があります。

『天保六花撰』は三十席、『徳川天一坊』は二十席、『慶安太平記』と『畔倉重四郎』は十九席、『水戸黄門』は二十四席あります。ほかに『幡随院長兵衛』(十七席)、『旗本五人男』(十一席)、『柳沢昇進録』(十六席)、『祐天吉松』(十四席)、『寛永宮本伝』(十七席)、『村井長庵』(十一席)、『天明白浪伝』(十席)、『太閤記』(二十九席)、『三方ヶ原戦記』(全六巻)、そのほか一席物数多《あまた》と持ちネタがあります。

連続物は師匠から教わったり、速記本から起こしたり。

私が講談界に入ったころ、師匠からは「連続物は流行らない。今は毎日聞きに来る人はいない」と言われました。それをお願いして、教えてもらいました。

無理をしてでも教えてもらって良かったと思います。連続物をたくさん持っているのは、大きな財産です。

そして今はこの習得した連続物を次の世代に伝える使命があります。

覚えるのも大変ですけど、伝えていくのも大変。伝えてくれる弟子がいなければ、終わってしまいます。幸い私の弟子は、連続物の大切さを受け止めていますから、間違いなくまた次に伝えてくれると思います。

しかし、私が持っている古典から新作まで合わせて約五百席。すべて受け継がせたいと思いますが、私の寿命が持ちますかどうか。

現在、弟子は八人。

それぞれの弟子が現在懸命に連続物に取り組んでいます。

皆で、分担して覚えてもらえば良いと考えています。

惚れ込んでいる読み物

数百ものネタを持っていますが、その中に完成品はひとつもありません。高座にかけて良いレベルだからといって、それが完成したとは言えないのです。同じネタでも、十年前と五年前、今年読むのでは、少しずつ変化するもの。こちらのキャリアも変われば、世相もお客も変わります。

芸というのは「生き物」ですから、息のある限りは、変化し続け先に進まなければなりません。死んだときに、人々が振り返って、「この講談師の芸はこうだった」と決めてくれるものだと思うのです。

ですから完成品はありませんが、好きなネタはあります。

とくに『勧進帳』。

「男の美学」がはっきり出ている話が好きです。弱いもの恵まれないもの可哀そうなものを憐れむ「惻隠の情」は講談の美学でもあります。

講談というのは「人として美しく生きる」姿勢が描かれたネタがとても多い。それに感化された私も、講談に出てくる人間のように男として美しく生きていきたいと、おのずとそういうネタを好むようになりました。

では、お客からも求められるネタなのかといえば、どうなのでしょうか。残念ながら、現在の講談界に人気のジャンルやネタというのはそれほど多くはありません。今は何を読むかではなく、演者の個性と人気で人が集まります。六代目伯山などは、何を読んでも喜ばれますから。演者が人を集める時代です。

講談は長い間沈滞していたので、講談を聞いたことのないお客も多いですし、紹介したように多くのジャンルとネタがあります。長く通えば、この講談が面白いとなるでしょうけど、お客も今は新人ばかりですから。

今後は、人気の講談師と一緒にお客も育ち、そのうち人気演目が出てくるのではないでしょうか。お互いに成長していくのが理想です。

言ってみれば、講談界第二の出発かもしれません。

第五章

講談師の修業とは

ここまで講談自体の話をしてきましたが、この章では、それでは講談師になるにはどうすればいいのか、その修業から真打になるまでの話を中心に解説したいと思います。

修業のプロセス

講談界の身分制度は、前座・二ツ目・真打と三つの階級に分かれています。見習い期間の「空板《からいた》」を経て、まず「前座」になります。師匠から芸名をもらい、所属する「協会」に登録されます。高座にも上がりますが、寄席の開演前から開演後まで、さまざまな雑用をこなすのが本分です。また、条件として紋付羽織袴を着ることができません。無紋の着物の着流しのみです。

「前座」を三年から五年ほど務めて、昇進するのが「二ツ目《ふたつめ》」。紋付羽織袴の正装が許され、楽屋での雑用から一切解放されます。出番のときだけ楽屋入りして、一席読み終われば帰宅できるようになりますが、これもまだ修業中の身です。

「二ツ目」を約十年務めると、晴れて「真打」への昇進となりますが、この二ツ目の間に持ちネタを増やし、教養を高めておく必要があります。たとえば、たくさんの本を読んだり、一流の芝居や絵画を見たりして、目を養い、耳を養い、心を養う。

それを考えれば、十数年というのは短いくらいに感じます。

講談師でも落語家でも目指すのは、やはり「真打」でしょう。

寄席で一番最後を飾る〝トリ〟を務める資格を持ちます。これは芸人にとって、ひとつの憧れです。

また、トリを取ると基本的には番組を自分で組むことができるため、好きな芸人を選べることも特権といえるでしょう。まわりから「先生」と呼ばれ、さらに弟子を取ることが許されます。

私も晴れて「真打」になったときは、晴れ晴れしい気持ちでした。昇進披露の興行で初めてトリを取るのですが、大看板が出てくれて、口上もあります。実に嬉しかった思い出です。

しかし、「真打」になったからといって、それがゴールではありません。むしろ、ここからが勝負でしょう。トリを取る人の人気や看板によって、お客の入りも違ってきますから、責任も重い。一枚看板として活躍できるかどうかは、真の芸の力にかかっているのです。

今ではありませんが、昔あまりに客が少なく入場料だけでは他の出演者の給金が少なすぎるので、トリを務めた先生がポケットマネーを足して出演者に支払ったこともあったと聞いています。

芸人がようやく一人前だと言われるときには、片足を棺桶に突っ込んでいるころ。芸の世界では、「四十《しじゅう》・五十《ごじゅう》は青二才」と言われまだまだ若手だと、そういう厳しい言い方をして、生涯芸を磨き続けるのです。

現代では、「二ツ目」から「真打」になるのは年季次第ですが、かつては、生涯「真打」になれない講談師もあったようです。

記録によれば、昔の階級は「前座」「中座」「後座」と呼んでおり、「中座」が今の「二ツ目」、後座が「真打」と同じ階級だったようです。ただし、現在の「二ツ目」と異なり、「中座」は場合によって「真打」の代わりを務めることもできる、十分に力のある講談師だったとも言われています。それなのに生涯、「中座」で終わった人もいたといいますから、大層厳しかったようです。

また、講談の階級に降格はありません。「真打」になれば、生涯「真打」をまっとうするのです。

真打の弟子になるには

講談師になろうと思ったなら、入門したい先生を探して直に頼みます。

その場で弟子にしてくれる先生もいれば、断ったり様子見したりする場合もあります。弟子になればその師匠とは一生師弟関係になりますから、慎重に越したことはありません。

私の場合は、弟子入り志願者には、他の真打を全員聞いてから出直すように伝えています。その上で、心を決めて私を師匠に選ぶのであれば、そのときは迎え入れていました。弟子のひとりで現在話題になっている六代目神田伯山にも同じように伝えましたが、「全部聞いてきました」と言っておりました。

ただ、私も今年で七十八歳ですから、現在、弟子はとっていません。

最近の伯山人気で「伯山を育てた師匠に弟子入りしたい」と、年間、五、六人訪ねてくるようになりましたが、全部断っています。現在も前座を二人抱えていますから、それで精いっぱいというところです。

弟子をとるということは、一人前の芸人として育つまで責任があります。真打になるまで十三年から十五年、見届ける長寿の自信がありませんから。

私の講談師人生も、師匠の二代目神田山陽のところへ住所を調べて訪ね、弟子にしてもらったところから始まりました。

なぜ師匠に選んだのかというと、落語の席にも出ていたため、どの先生よりも話がわかりやすかったからです。それが魅力でした。

かつての講釈場は、落語の席に出て軽く明快に読む講談師を、「きちんとした講釈ができねえんだな」などとバカにする傾向もありました。しかし、師匠の神田山陽は、講釈場であれば、硬い読み物をきっちりとこなし、落語家の間に入って高座を務めるときは、笑いを入れたりわかりやすい言葉を取り入れたり、使い分ける腕を持っていました。ですから、この先生に学びたいと強く思ったのです。

学びの多い前座時代

弟子入りをしたら、初めは師匠や先輩について雑用をこなしたり、楽屋の仕事を覚えたりします。

一昔前は、住み込みで働き、師匠宅で掃除や、雑用までやっていた時代もありましたが、現在では通いの人がほとんどです。

私も住み込みではありませんでしたし、私の弟子にもさせてはいません。稽古に来るだけです。

師匠の家へ住み込むのも修業のひとつとは言えますが、それより楽屋の修業が大切。

一人前の芸人になるために、覚える仕事は非常に多くあります。

前座になると、まずは楽屋の準備があります。

開演前に楽屋に入り、掃除をして、お湯を沸かし、その日出演する芸人の名前が書いてある「メクリ」や釈台、座布団などの備品を揃え、着物に着替えておきます。

師匠や先輩方が楽屋入りすると、お茶を淹れます。

お茶のひとつにも、それぞれ好みがありますから、薄めがいい、濃いめがいい、熱いのが好きな人もいれば、ぬるめがいい人もいます。楽屋に置いてあるのは安い茶葉が一種類ですが、熱いお茶が好きな先輩には、湯呑みをお湯で温めてから注いだり、薄めが好きな人にはそれなりに……そのひと手間を惜しまず、できる範囲以内の努力をして、相手に喜んでもらう仕事をするのが重要なのです。

楽屋の仕事というのは、生涯、芸で食べていけるように修業する場所。相手をよく見て、失礼のないように気を使いながら、喜んでもらえる方法を常に考えておく必要があります。

先輩方が重要な話をしている最中にお茶を差し出せば、会話の流れを止めてしまいます。一息ついたところに、タイミングよく差し出せるか、汗をかいていたらお絞りを一緒に渡す心遣いがあるか、楽屋で薬を飲む人なら白湯を添える気遣いができるか……。お茶出しだけでも考えることはたくさんあります。

企業でいうならばＣＳ（顧客満足度）。お客を満足させ、喜んでもらう――。その原点を楽屋で学ぶのです。

それから、先輩方の着替えを手伝ったり、きれいに畳んだりするのも前座の仕事。畳み方や結び方にも各先生方によってクセがあるので、着物をほどいたときの形を覚えておき、脱いだ後は同じように畳み直します。

高座で汗をかいて着物が湿っていれば、乾かしておいたり、ティッシュペーパーを挟んで手当てをしたり。そういった細かい気配り、目配りが前座の仕事といえるでしょう。

この業界では、楽屋でぼんやりしているわけにはいきません。「捨て目・捨て耳」といって、目に見えること、耳に入ることにいつでも注意を払っておく必要があります。たとえば、出番待ちをしている先輩方のおしゃべりの中に、貴重な芸談がありますし、素晴らしい立ち居振る舞いを見て学ぶことができます。一芸に秀でるには、よく気づき、自ら学びとる姿勢が欠かせません。

前座は、楽屋の中だけでなく、芸人が高座から降りたあと、次の芸人のための高座の準備をしなければなりません。「高座返し」といって、前の芸人が座って暖かく湿った座布団を裏返し、釈台をきれいに掃除して、次の出演者の名前の書いてある「メクリ」をめくります。

前座でも「立前座《たてぜんざ》」といって、その日の寄席で最も責任のある前座になると、一段と仕事が増え、高座の進行をすべて任されます。

なかには、時間までに出演者が来られなくなるなどのハプニングも起こりますから、楽屋にいる他の人にお願いしたり、急遽他の人に来てもらったり。時間が延びている場合は短めにお願いするなど、進行全体を取り仕切ります。

誰がどんな話を読んだのか、その日に出た演目と名前を書きつけておく大事な仕事もあります。落語では「ネタ帳」といいますが、講談では「読み物帳」と呼び、和綴じの帳面に小筆を使います。

後から出演する人はその読み物帳を見て、先の話と被らない読み物や話の筋が似通っていないものを選ぶのです。同じ話を二度もお客にお話しするのは失礼ですから、出番が深くなればなるほど多く読み物を持っていないと務まりません。

前座時代は三年から五年が一般的。私は三年ほどでした。とはいっても私の力ではなく、前座が多いか少ないか、そのときのご時世に左右されただけです。なかには前座を九年間務めた講談師もいます。

それが、人間国宝の六代目一龍斎貞水先生。実力は関係なく、その時代は後輩がずっと入ってこなかったので、長く務めることになったわけです。そのかわり二ツ目に昇進した後、すぐ真打になりましたから、トータルすれば平均と同じ年数です。

各派の武芸物

講談師が入門すると最初に与えられる読み物が、武田信玄と徳川家康の戦いを描いた『三方ヶ原の合戦』です。

これは生涯六十数度の合戦をした中で徳川家康公の運命を左右する、『姉川の合戦』『長篠の合戦』『小牧長久手の合戦』と合わせて四戦記のひとつに数えられており、講談の基本的なテキストになっています。

軍談ですから、講談の基礎となる要素が詰まっています。朗々とした七五調の修羅場調子と張扇を打つタイミングを身につけ、同時に喉を鍛えるのにうってつけの読み物なのです。

軍談の場合は、まず弟子に台本を写させます。島根県の西部、石見地方で製造される和紙「石州半紙《せきしゅうはんし》」に筆で書くのがしきたりです。

そして、師匠が目の前で読んで聞かせるのですが、現在は録音を許されていますから、何度も録音テープを聞いてその調子を身につけます。

昔は録音を嫌がる師匠もいたようですが、私の師匠は録音させてくれました。

今でこそスマートフォンや片手に収まるほどの小さな機械で簡単に録音できますが、あのころは、ずっしり重いオープンリールデッキでしたから、古道具屋で小型のデッキを見つけて安く買い、それを提げて師匠のところへ行ったものです。

基本である『三方ヶ原の合戦』がきちんと読めるようになれば、次に覚える武芸物もある程度は読むことができます。

神田派に伝わる『寛永宮本武蔵伝』は全十七話あり、台本を渡し、まずは朗読から練習します。しっかりと読めるようになれば、徐々に個性を入れて話すことも許します。

付け加えると、昔は各派にはそれぞれ独自の武芸物があったようです。

・一龍斎派『荒木又右衛門』
・田辺派『佐野鹿十郎』
・宝井派『塚原卜伝』
・桃川派『笹野権三郎』
・邑井派『渋川伴五郎』
・柴田派『梁川庄八』

このように決まっていて、前座の初めに覚えます。武芸物をやっているうちに、どんどん成長して、この子はこういう読み物が向いていると方向性が定まってくるんです。

やはり、弟子によってそれぞれの個性がありますから、師匠と同じ真似をし続けても、「弟子は師の半芸にいたらず」という格言もあるくらいですから駄目です。伝統芸とはいえ、自分の個性を伸ばすことで、さらに芸は深まっていくのだと思います。

講談は朗読芸ですから、口伝より読み物を書き写して伝承していきます。私も台本はすべて保管しており、現在ではほぼ五百席になりました。

釈台・張扇・扇子——講談三種の神器

扇子と張扇を二本持ち高座に上がり、釈台を前にして時々張扇でポンポンと調子をとる——、それが講談師です。釈台と張扇、扇子、この三種は欠かせません。

・釈台

釈台は寄席に備わっていますが、張扇と扇子は各自専用を持ちます。

私は、自宅に三つの釈台を持っていまして、一台は地方公演など携帯用に作りました。持ち運びしやすいように、軽い桐の木で折り畳めるようになっています。もう一台は、かつて神田川に架かる豊橋の近くにあった寄席「ゆたか亭」、通称「早稲田のゆたか」が廃業した後も保存していたものを譲り受けたもの。もう一台は、さる名人が私的に使っていた釈台で、重くてしっかりした作りのものを、ご縁あっていただいたものです。

釈台・張扇・扇子・着物姿

撮影：守屋貴章　撮影場所：お江戸上野広小路亭

神田松鯉先生の名入りの扇子・手ぬぐい

かつて講談定席「本牧亭」にあった釈台は、厚い榧《かや》や樫《かし》の木でつくられたずっしりと重い釈台だったことを覚えています。現在はどの寄席もそれぞれの釈台があり、何十年も使われているので、ツヤが出て良い味があります。

講談師にとって張扇と扇子は武士の刀と同じですから、袱紗《ふくさ》などに包んで大事に持ち歩きます。

扇子は、落語と共通の「高座扇」。講談師や落語家が真打に昇進すると、各々名入りの扇子や手ぬぐいを配りますから、それがたくさんあって使用しています。高座では、張扇と同様に打つこともあれば、刀や箸に見立てて仕草に用いることもあります。

・張扇（はりおうぎ）

場面転換や修羅場調子などに釈台を打つ、これぞ講談師独自の商売道具が、張扇。これは店などで買えるものではなく、講談師それぞれが自分の声質に合わせ、手作りしています。

和紙の巻き方や巻く回数などで打ったときの音がさまざまに変化し、分厚く巻くと「ポン!」という深い音が、薄く巻くと「パン!」という軽い音、固く張れば「コーン」という高音になります。

私は、「パンパン」より「ポンポン」と深い音が好きですから、あまり高い音が響かないように、分厚くゆるめに和紙を張ります。

本来は真打になっても、張扇は自分で作るもの。自分の声に合わせ調整が必要ですから、弟子に作らせるようなことはありません。四、五本まとめて作り置きをし、くたびれてきたら新しい張扇に替えます。

張扇はバナナの叩き売りのように、しょっちゅう打つものではないですし、場面転換でここぞと力が入ったときにポンポンと響かせたり、調子をとるときに太鼓のバチのように先の方でちょんちょんと打つ道具ですから、頻繁に壊れることはありません。

高座で張扇を打つ神田松鯉先生

神田松鯉先生の張扇

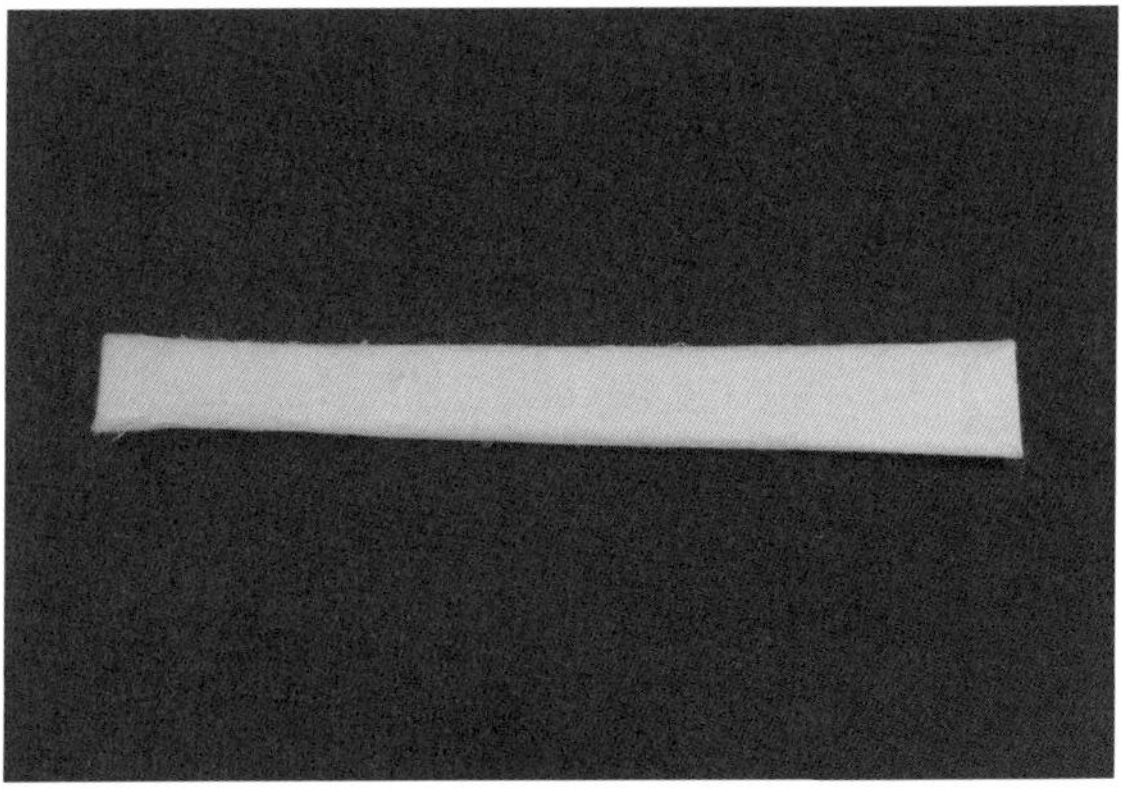

打つ頻度や力加減に左右されるのでそれぞれですが、私の場合、三カ月に一回くらいのペースで替えているでしょうか。毎日同じところを持つので、力が入りますし、汗で濡れてしまうため、持手のほうが先にダメになります。人によって作り方も異なります。私が最初に先輩から教わったのは、古くなった扇子を二つに割り、その上から和紙を何度もくるんで作る方法です。

和紙は、数ある中でも最もこしが強い「西ノ内《にしのうち》」に限ります。非常に粘り気があり、打たれ強い。茨城県の特産で、江戸時代から変わらず使われています。

現在では、あまり扇子の骨を再利用して作ることはなくなりました。基本だということは皆知っていても、それぞれ自分なりに工夫して、手作りしているようです。

私はというと、竹をしなる程度に削ったものを芯にしています。そこに、扇子を閉じたような形に切り取ったボール紙で形を整え、その上から西ノ内を巻いて、のりで貼り付けるのは上側だけ。そうすれば上側は固くなり、のり付けしていいない下側に程よい空間ができるため、良い音が出るのです。

一本作るのは一時間程度ですが、のりが乾くまで一日、二日は必要です。

張扇は講談師にとって命の次に大切なものですから、いつでもきれいなものを使いたいと思っています。

寄席の楽屋には芸人は「綺麗事」と伝わる言葉があり、身なりを綺麗にしておくことが大切とされています。なんといっても夢を与える商売ですから、むさくるしい格好では困ります。いい着物を着る必要はありませんが、清潔でさっぱりした綺麗さが必要だと思います。

とは言っても芸人の中にも、さまざまな考えやスタイルがありますから、そういった個性はとくに周りがとやかく言うものでもありません。

ただ、自分はこうでありたいという思いは、常に大切にしたいです。

私自身は、夢を与える商売をする一人として、綺麗事にこだわりたいと思っているんです。

日本講談協会

現在、東京の講談界には二つの団体があります。

私が所属しているのは、平成三年（一九九一年）に「講談協会」から分かれて二代目神田山陽が設立した「**日本講談協会**」です。

そのため、現在でも日本講談協会に所属しているのは、二代目山陽の弟子とその孫弟子のみです。これ以後、東京の講談界には「日本講談協会」と「講談協会」の二団体があります。

私の師匠でもあった二代目山陽の亡き後、平成十七年（二〇〇五年）まで私が会長を引き継ぎました。現在は名誉会長となり、妹弟子の神田紅が会長を務めています。この本を書いた時点では、私を含めて十五人の真打、二ツ目四人、前座四人と、二十三名の講談師がいます。

講談協会

こちらは、昭和四十三年（一九六八年）に、五代目宝井馬琴先生と私の師匠、二代目神田山陽が設立しました。そのときは、五代目馬琴先生が会長、二代目山陽が事務局長という体制でした。

当時の講談界は女性の講談師が増え、それぞれの個性を発揮して高座に上がるようになりました。

しかし昭和四十八年（一九七三年）、女流講談師の天の夕づるが「ポルノ講談」で人気が出ると、「若い人には講談界発展のために冒険をしてもらいたい」「いやいや、けしからん」と、意見が真っ二つに分かれました。

結局、意見がまとまらずに、「講談協会」は解散となります。

長い歴史のある伝統芸能の世界ですから、時代に合わせて変化するべきか、旧来のものを固守すべきか、それぞれ意見や思うところがあり、対立は避けられなかったのです。

それから混乱期が続き、どの協会にも参加しない講談師も相次ぎました。

昭和五十五年（一九八〇年）、演芸連合などからのすすめもあり、再び講談界は「講談協会」として一本化します。

ところが、保守派やリベラル派、いろいろな考えがありますから、やはり相容れない。ついに、再分裂してしまいます。

現在の「**講談協会**」は、人間国宝の一龍斎貞水先生を会長に、四十四名の講談師が登録しています。

大阪の講談師

大阪にも講談協会があります。

昭和二十四年（一九四九年）、二代目旭堂南陵先生が設立した「**上方講談協会**」

です。

二代目亡き後は、後を継いだ三代目南陵先生ただ一人だったそうですが、現在は三代目直弟子の旭堂南左衛門先生が会長を務めています。

その他、平成二十年（二〇〇八年）に四代目旭堂南陵先生が設立した「**大阪講談協会**」があります。会長である四代目南陵先生の弟子十四人のみで独立した協会です（残念ながら四代目さんは令和二年に他界しました）。

さらに、平成二十九年（二〇一七年）に上方講談協会を脱会した三代目旭堂南陵先生の一部の弟子が、旭堂南鱗先生を会長として中堅・若手の気鋭が集い「**なみはや講談協会**」を設立しています。

真打披露

さて、寄席の世界で真打昇進の披露宴といえば、一般的に一流のホテルや上野の精養軒など伝統的な場所で行うのですが、私の場合は、銀座のキャバレー「ハリウッド」でした。これは特例中の特例です。

なぜなら私の師匠である二代目神田山陽の最大のご贔屓が、「ハリウッド」創始者で全国に何軒もチェーン店を広めた、別名「キャバレー太郎」と呼ばれた福富太郎さんだったから。

「小山陽（改名前）の真打披露宴は、うちでやりなさいよ」と言われ、師匠もご贔屓だからお断りできなかったのでしょう。「お前の披露パーティーは福富太郎さんがハリウッドでやると決めたから」と言われたときは、大層驚きました。

山陽師匠をはじめ謹厳な講談界の先生方、お世話になった人たちを招きましたが、余興はお決まりの獅子舞やマジックショーにすればよいのに、福富さんがストリップを入れたものだから、前代未聞と言われました。

しかも、産経新聞が取材に来て新聞に掲載されたんです。一ページの半分という大きな記事でしたが、私の顔写真は小さな丸の中。真ん中に掲載されていた写真はストリップだったんです。まだ手元にその記事を残しています。

福富さんは本牧亭に足を運んでくれるだけでなく、いろいろと目をかけてくれました。

昭和六十三年（一九八八年）に、私が『勧進帳』と那須与一が活躍する源平盛衰記の『扇の的』で芸術祭賞を受賞したとき、浮世絵の収集家としては日本でも指折りの方ですから、「ゆかりの浮世絵をあげるよ」と、歌川豊国の浮世絵『勧進帳』をくださいました。額に入れ、今でも自宅の居間に大事に飾っています。

貴重な熊の手を食べさせてくれたこともありました。

「熊の手を食べる会」というものに誘われて行ってみたら、銀座の「ハリウッド」の貴賓室に中華の料理人を呼んで作らせた、脂っこくて甘いものでした。福富さんのご贔屓も集まっていて、私の席のひとつ隣には岡本太郎さんが座っているなど、華やかな席でした。

修業時代の思い出

私が修業していたころは、講談というだけで、そっぽを向かれていたこともありました。

以前は寄席に出ても、めくりで講談師の名前が出たり、前座が高座に釈台を出したりすると、すっと席を外す人がいたんです。「講談は、かたくてつまらないものだ」という既成概念に縛られていたのでしょう。

当時は落語が全盛でしたから、講談師にとっては、辛い時代だったんです。

そんな状態ですから、若い講談師にはあまり仕事が回ってきません。

福富さんに相談したところ、「わかった。うちのハリウッドチェーンでやればいい」と世話をしてくれて、怪談噺の余興で七、八軒まわりました。キャバレーに来ているお客ですから、お目当てはホステスさんですが、彼女たちがキャバレー怖がって、お客に抱きつくのでウケは良かったです。

講談で食えない時代は、アルバイトも随分こなしました。司会をしたり、バスガイドで講談の史跡巡りをしたり。かつて上野にあった夕カラホテルや明治記念館で婚礼の司会も千組近くやりました。

当時は、若い講談師はさまざまなアルバイトをしながら、食いつないできたのです。

それに、何事もムダではありません。修業の一つだと考えれば、バスガイドのアルバイトも、フリートークを鍛える良い基礎訓練になったと思います。

高座でフリートーク力を発揮する機会は本題に入る前の枕の部分でしょうが、芸人の仕事には臨機応変に受け答えをする力が必要です。

真打になってからは、よく講演を頼まれるようになり、そのときにもアルバイトで身につけたフリートーク力に助けられました。

やっと講談だけで食べていけるようになったのは、真打になって徐々にというところでしょうか。

今でこそ講談人気が盛り上がってきましたが、長い間、何十年も沈滞していた世界です。講談界で生きていくのは、楽ではありませんが、その伝統を守り、残していく使命感があります。

だからこそ、私たちの世代は、どのように生きていくか考えなければなりません。私自身はもう七十八歳ですから、変えようとは思いません。若い人が変えていけばいいと思っています。

若い人が、それぞれの時代を作っていけばいいのです。時代に迎合するのではなく、時代を作ることが大切です。

過去を振り返れば、スターになった講談師は何人もいます。

たとえば、NHKの番組『お笑い三人組』で大人気となった、一龍斎貞鳳先生。

それから、鼻の下に長く伸びたヒゲと威勢よく扇を打ち鳴らすスタイルで「ヒゲの一鶴」と親しまれた田辺一鶴先生。

「ポルノ講談」で売れた天の夕づる。しかし昔の本牧亭にその人たちが出ても満席になることはありませんでした。

各自の独演会では満席になっても定席ではいつも客席にスキ間がありました。定席がいつも満員になるように若い人たちにがんばってもらいたいですね。

第六章

講談の歴史

さて、この章では、講談史の名著『講談五百年』などを参考にしながら、改めて講談の歴史を整理していきたいと思います。すでに解説してきた内容もございますが、おさらいの意味もかねて、歴史の流れのなかで解説させていただきます。

講談前史

さて講談のはじまりがいつごろなのかといいますと、日本最古の歴史書『古事記』編纂に携わった稗田阿礼《ひえだのあれ》まで遡ります。

稗田阿礼は、昔から語り伝えられる民話や帝記、日本の記録を語り伝える「語り部」でありました。彼の語った話を太安万侶《おおのやすまろ》が書き記したものが『古事記』です。

講談もまた歴史伝承の役割を担ってきましたから、その元祖である稗田阿礼が、最初の講談師であり、講談のはじまりだという説もあります。

その後、江戸時代の初期、「太平記読み」という人たちが出てきます。

『太平記』は、建武の中興から南北朝にいたるまでの約五十年間の争乱の様子を華麗な文章でつづった軍記物語であります。

慶長七年（一六〇二年）ごろに、五十川了庵《いそかわりょうあん》が『太平記』を刊行しました。四十巻に及ぶ大長篇です。その後、各地で人気を得て、多くの版を重ねながら読み継がれ、語られながら、大ベストセラーになります。

半世紀の入り乱れての物語は、大変に魅力的な主人公や戦いの場が波乱に満ちて、大衆にたいそう喜ばれました。

その話を、一定のリズムを持つ朗読・朗誦調で朗々と読んで聞かせることを生業とした人たちが「太平記読み」です。原文をそのまま読んでもつまらないと、勇ましいところは勇ましく、リズムを付けておもしろく聞かせたのです。

また同じころ、武将たちは、それぞれ軍書講釈師を抱えており、徳川家康に軍書を進講したと言われているのが、赤松法印《あかまつほういん》です。

江戸の世相風俗を記した随筆『我衣《わがころも》』などに、「赤松法印といへる者、慶長の頃東照宮（家康）の御前において、源平盛衰記の講釈を度々言上せり」とあります。

また、近江の住人であった小倉三河守が、熱海の湯治へ訪れていた今川義元に軍書を講釈したとあり、徳川秀忠には幸若心斎という人が進講していました。

同じころ、大阪では後藤又兵衛基次の辻講釈がたいそうな人気になりました。大阪天満天神の境内で、実際に着た甲冑兵器を飾り、自身の戦の体験談を語っていたようです。

黒田家の勇将として数多くの戦場で名を馳せた武将ですから、街中で語っていれば、多くの聴客が興味を持って耳を傾けたのでしょう。

講談形成期

その流れを受け、一般庶民の間にも「軍書講釈」が流行します。

これは、「太平記読み」のように朗読・朗誦のリズムを大切にするものではなく、軍書の内容をわかりやすくはっきりと講じ説くことが目的でした。『源平盛衰記』『信長記』『太閤記』『関ケ原軍記』などをはじめ、数々の軍記を扱って人気がありました。

大名に招かれて軍書を講釈したり、浪人や学者などの知識人が町場で講釈する場合もありました。これらを「軍談師」「軍書講釈師」などと呼びました。

しかし、時代が進み江戸も元禄のころになると、単調なリズムをつけて読むだけの「太平記読み」は飽きられてきます。また、わかりやすく説明するだけの「軍書講釈」も魅力が乏しくなってくるのです。

そこで生まれたのが、両者を合体させて朗読・朗誦の心地よさと、物語的な興味を兼ね備えた、現在の講談の様式です。

現在の講談の大きな特徴である「修羅場調子《ひらばちょうし》」は、太平記読み時代の朗誦法の名残りなのです。

講談発展期

貞享四年（一六八七年）ごろ、近松門左衛門が「太平記読み」の原栄宅《はらえいたく》と共演して、鎌倉時代に書かれた兼好法師の随筆『徒然草』の講釈をしたという話が残っています。

近松門左衛門といえば、浄瑠璃作家として有名です。元々は侍でしたが、大阪の曽根崎で恋仲の男女が起こした心中事件を題材に脚本を書き、『曽根崎心中』が誕生しました。

このころはまだ軍談が主流でしたが、元禄時代になって平和が訪れると、武将に軍談を講釈することは少なくなります。そのため、近松門左衛門が随筆を読んだように、時代の流れとともに講談は、娯楽的な要素が求められていったと考えられます。

そこで軍談のある部分に焦点を絞り、その部分を拡大して語る「御記録物」が生まれました。たとえば、軍談に登場する英雄や豪傑たち、豪勇ぶり、名君良将にスポットライトを当て、その生い立ちから所属する藩の歴史まで、主君のことを語るようになっていきます。

おのずと内面の面白さが極度に求められますから、藩の内紛、すなわち悪人が活躍する「お家騒動」などが人気を得ます。

同時に、ただ文章を読み聞かせるだけではなく、工夫して登場人物たちの対話を入れることにより、よりリアリティを感じさせるようになっていくのです。

騒動物になると、犯罪の陰に女ありで男性だけでなく女性が登場し、より会話も写実的になり、そうして限りなく「世話物」に近づいていったと考えられます。

このころ、のちに起こる赤穂事件を『太平記』の時代に移して脚色した浄瑠璃『仮名手本忠臣蔵』の作者、二世竹田出雲が活躍しています。彼は、浄瑠璃作家になる前に、講談師名を岡丹波（今岡丹波とも）と名乗り活躍していたようです。

元禄時代に寄席芸になった講談

こうしたことから講談が寄席芸となりはじめたのは、元禄時代だと言われています。

名和清左衛門という人が、町奉行の許可を得て、江戸に初めて公許の講釈場「太平記講釈場」を作ったことがはじまりです。浅草見附（現・浅草橋）の広場に小屋を建て、ここで毎日のように軍書を読み、大いに繁盛したのです。

浅草見附から両国橋にかけては、芝居小屋などが集まって江戸の一大娯楽地となり、講談は寄席芸として発展していきます。

つまり名和清左衛門は、〝最後の「太平記読み」〟であり、寄席で読んだ最初の講談師ということになります。ほかにも、江戸では赤松青龍軒という浪人が、大阪では赤松梅龍が小屋をこしらえて軍書を読み、大賑わいでした。

寄席を作り、町人を相手に読み聞かせる文化が、この辺りから根付いたと考えられます。

さらに太平記講釈場ができてまもなく、世を震撼させる大事件がありました。それが、元禄十四年（一七〇一年）三月十四日、浅野内匠頭《あさのたくみのかみ》による、江戸城松の廊下の刀傷事件と、翌十五年（一七〇二年）十二月十四日に起こった吉良邸討ち入り事件です。

このとき、講談師はこぞってこの事件に注目し、取材を重ねて『赤穂義士伝』を創作したのです。

江戸っ子の身近なドキュメンタリー講談は、たいそう人気を博しました。

現代の講談界で、三大読み物と言われているのは、『赤穂義士伝』『太閤記』

『伊達評定』ですが、やはり一番人気は『赤穂義士伝』です。

その要因は、話のおもしろさや忠義と信義が描かれていることに加え、講談の三大要素である「軍談」「御記録物・お家騒動」「世話物」がすべて収まっているからではないでしょうか。

享保時代に活躍した講談師

講談としてさまざまな種類が生まれてくると、講談師も個性豊かになりました。このころに活躍していた主な講釈師を紹介しましょう。

・神田伯龍子《かんだはくりゅうし》
大名旗本や武家屋敷へ招かれ、兵法書や軍記を読み聞かせる軍書講釈で名をはせ、大家として尊敬されていました。しかし、町人は聞くことができず、町の講釈場に招かれても必ず断っていたそうです。

・銀杏和尚《いちょうおしょう》（霊全）

浅草寺の境内、奥山の銀杏の大樹の下に小屋を作り、入場料をとって仏教説法などの辻講釈を行っていました。

一日、三百人もの聴衆が詰めかけ、大繁盛していたと伝えられています。

・滋野瑞竜軒《しげのずいりゅうけん》

軍談読みの大家。「修羅場の名人」として知られました。『虚実雑談集』などの著述もあります。

・鯖江正休《さばえせいきゅう》

軍談のなかでも出世話が得意で、「天下の御記録読み」と呼ばれました。

新しい話題に興味を抱いていた聴衆に、「御記録物」が大変喜ばれていたことがわかります。

・成田寿仙《なりたじゅせん》
『伊達騒動』『黒田騒動』など騒動物を読み、好評を博しました。しかし、人気のさなか幕府から禁止令を受け、『日蓮記』などの高僧伝に切り替えて読むようになりました。

・村上魚淵《むらかみぎょえん》
『伊達騒動』などの騒動物で人気を得ました。

宝暦・明暦時代に活躍した講談師

以降、講談の歴史に残る名人・奇人変人が数多く出現します。

中でも群を抜いているのが、深井志道軒です。

張扇の代わりに張形を手に、皮肉警句の読み振りで江戸一の人気者になりました。そんな〝狂講〟をモデルにして平賀源内は、SF小説『風流志道軒伝』を書いています。

同時期、馬場《ばば》文耕《ぶんこう》と名乗る講談師が活躍しました。

彼は、『遊女勝山』『八百屋お七』など実際に起こった事件をいち早く読み、どんな事件かを講談として聞かせました。

今でいう記者やレポーターのような役割を、このころは講談師が担っていたわけです。

そのため、馬場文耕は「世話物の開祖」とも言われています。

はじめて寄席に行灯で看板を出したのも彼です。

しかし宝暦八年（一七五八年）、幕府がかかわる大事件を講談します。日本橋で美濃郡上八幡金森家の「群上一揆」に関する不正収賄事件を『珍説森の雫』と題して口演したのです。さらに小冊子にして発刊したため、ついには幕府の忌諱《きき》にふれ、打ち首獄門となりました。

長い講談の歴史の中でも、言論弾圧され、処刑されたのは馬場文耕ただひとりです。

全盛期を迎える講談

天明・寛政時代、馬場文耕の弟子である森川馬谷《もりかわばこく》は、講談席を確立させ、講談の地盤を固めたとされています。

彼はまず、一日の読み物を初・中・後の三段に分け、軍書物、お家騒動、世話物と区別して講じました。

また、前座を一人使うようにしたのも彼の創案です。

これは、あとに前座・中座読み・後座読み（真打）の順序を決める元となりました。

これが今の寄席のプログラム構成の土台となっているのです。

演題を看板の行灯に記すなど、今の寄席に近い形になったのは、このころだと考えられます。

文化・文政期に、講談が本格的な芸能へと発展していく中で、寄席は増え、多くの個性的な講談師や名人が生まれました。以後、幕末に至るまで、各自の芸風を競いながら多くの派に分かれていくことになります。

このころ、江戸では女性の講談師も活躍していたようです。

女流講談の草分けとされるのが、円山尼。

大阪の神主の宅で、前講『伊達大評定』後講『太閤記』を演じたと記録があります。あちこちで口演し、高い評価を得ていました。

さらに現在も残る、神田派・宝井派・貞山派（一龍斎派）・田辺派などの流祖が現れ、一流一派を確立していきます。

・【宝井派の祖】東流斎馬琴《とうりゅうさいばきん》

彼は、老若男女の登場人物の音声を読み分けたといわれています。

また、かた苦しい軍談をわかりやすく演じ、身振り手振りを加えて説く芸風で、女性客の人気を集めました。晩年は大阪に移り、多くの弟子を育てています。

・【貞山派・今の一龍斎の祖】錦城斎典山《きんじょうさいてんざん》

講談師の形ともいえる、釈台を使い、張扇と拍子木を打つ演出をはじめて取り入れたのが彼です。軍談から世話物までこなし、名人と謳われました。

その弟子であった初代一龍斎貞山は、武芸物が得意で独眼だったことから、伊達政宗にあやかってその法名の「貞山」を名に付けています。『伊達騒動』は彼の十八番でした。

私の師匠、二代目神田山陽が五十年以上前に詠んだ戯句「冬は義士、夏はお化けで飯を食い」というように、冬は義士伝を読み、夏は怪談物を読んで楽しませるのは、江戸時代からの風習です。

・【神田派・田辺派の祖】神田辺羅坊寿観《かんだべらぼうすかん》
一番弟子が初代神田伯龍、二番弟子が初代田辺南鶴。

初代伯龍には三人の高弟がおり、その一人が初代松林亭伯圓です。伊東燕稜《えんりょう》、石川一夢《いちむ》とともに、「三名誉」と称された名人でした。

さらに、その伯圓の弟弟子として初代伯山が現れます。

『徳川天一坊』が大の得意で、どこでも大入り（満席）だったそうです。

「伯山は天一坊で蔵を建て」と川柳に読まれるほどのすさまじい勢いで、一時代を築きました。

八十二人の弟子を持ち、事実上の神田派の宗家になります。辺羅坊寿観の二番弟子で軍記が得意だった初代田辺南鶴《なんかく》は、俗に南派の祖といわれ、大阪の旭堂派の祖にあたります。

その弟子に初代旭堂南鱗《きょくどうなんりん》がいます。

・【伊東派の祖】伊東燕晋《いとうえんしん》
「講釈師は芸人にあらず」との信念を持ち、『曾我物語』『川中島軍記』『源平盛衰記』『三国志』以外は講じなかったといいます。

また、講談に出てくるのは徳川家康など地位の高い人物ですから、その古格を守るため、高座の使用を江戸町奉行所に認めさせるなど、講談師の身分向上に尽くしました。

講談好きであった徳川家斉に講じた講談師でもあります。

・【桃川派の祖】桃川如燕《ももかわじょえん》

怪談の『百猫伝』という諸国に伝わる化け猫の話を集めた連続物を得意としたことから、「猫の如燕」と呼ばれていました。流暢な読み口で、二時間続けて読んでもお客を飽きさせなかったといいます。

二代目伯圓と同じく、御前口演を務めています。

また毒婦伝『妲妃のお百』でも売った如燕は愛称が大入道と言ったそうです。一説には酒と女が大好きで、酒を飲む口に女の字を並べて如、亡き師の燕国を重ねて如燕にしたという伝説のあるほど有名だったと言われています。講談界の頭取の一人に数えられ、たびたび御前講演も行った大立者でした。『木村重成伝』『楠の泣き男』『地震加藤』などが残っております。

このときの寄席の数は、文化十二年に七十五軒、文政年間には百二十五軒と増加の一途をたどります。そのうち過半数が講釈場であり、あとは落語席です。天保十三年（一八四二年）ごろになると講釈師の人数は、八百人を超えたといわれています。

そのころ、江戸には百二十万人くらいの人がいたといいますから、令和二年に発表された東京都の総人口約千四百万人に換算すれば、都内に九千人以上の講談師がいることになります。いかにこの時代、講談界が全盛だったかがわかります。

しかし、そんな講談の盛り上がりに水を差したのが、「天保の改革」でした。江戸時代の三大改革の一つに数えられる天保の改革では、逼迫した幕府財政の再興を目的として、水野出羽守により贅沢が禁止され、江戸市内に百七十軒以上あったといわれる寄席は、落語の席と合わせて十五軒を残して取り潰されました。

演目も軍談などに制限されてしまいます。

しかし数年たたぬうちに禁制がゆるんで廃止されると、再び盛り返し、講釈場は二百二十軒、落語席は百七十二軒と旧に倍する数となりました。

近代成熟期から衰退期へ

明治に入ると、少しずつ講談の勢いに陰りが出てきます。

明治十七年（一八八四年）の講談席は八十七軒、明治三十四年（一九〇一年）になると、講談席四十二軒、落語・色物席三十六軒と数を減らしています。

講談師の数も少なくはなりましたが、いっぽうで名人と呼ばれる講談師が大活躍した時代でもあります。このころに活躍した講談師を紹介しましょう。

・二代目松林伯圓
天保から明治にかけて活躍した二代目松林伯圓は、明治講談界の代表的な存在です。

『鼠小僧次郎吉』や『天保六花撰』などの白浪物が大の得意で、「泥棒伯圓」の異名を持ちます。そのころ「巾着切り文車」の異名で一世を風靡した一立斎文車と並び、名人と称されました。

とくに明治維新後は、ニュース性の高い新講談を創作したり、これまでの講談を補綴《ほてつ》・潤色したりするなど、多くの名作を完成させました。

明治二十五年（一八九二年）七月には、明治天皇に御前口演をしています。

・邑井一《むらいはじめ》
怪談『小夜衣草紙』で、一世を風靡した大名人。

・伊藤痴遊《いとうちゆう》
政治家でもあります。

明治十四年（一八八一年）、自由党に入党しましたが、政治演説の禁止令が出たため、政治講談をやりはじめました。なかでも『幕末維新名士伝』が有名です。また大変な勉強家で蔵書家としても知られ、彼が集めた蔵書や膨大な新聞資料は「痴遊文庫」として日本放送協会に保管されています。

・二代目神田伯山

若くして二代目を継いだ名人です。

十八番は『越後伝吉』。彼がまだ空板で伯勇と名乗っていたころ、師匠の初代伯山との逸話が残っています。

ある正月の夜、カバン持ちをしていた伯勇に、伯山が「寒いからそばを食っていこう」と声をかけます。

これはかけそばの一杯でも奢ってもらえると思いきや、伯山は自分の分の天ぷらそば一杯と酒を一合頼み、伯勇の前でゆうゆうと食べたのです。「なんて師匠だ」と心中で憤慨していると、「寄席の帰りに蕎麦屋で一杯やりたいと思ったら、うんと修業して、早く真打になることだ」と諭されました。

ムカムカして自宅へ帰り、一連の出来事を父親に話すと、父親は喜び、伯山の自宅の方向に頭を下げて感謝したのです。

解せない伯勇にこう諭します。

「いやな思いをこらえても、弟子を一人前の立派なものに仕立ててやりたいと思えばこそだ」

言われてみればなるほどと思った伯勇は、心を入れ替え一心不乱に修業し、ついには師匠を継ぐ大看板となりました。

これが、二代伯山です。

後年、弟子の小伯山に三代目を譲り、隠居名を「松鯉」と名乗り、初代神田松鯉となりました。

私は三代目松鯉を継ぎましたが、最初は、「じじくさい名前だな」と思っていましたが、それが年を重ねるうちに気持ちも変わりました。先代の二代目松鯉とは芸風が違いますが、自分なりの松鯉を作っていこうと思いましたね。

その二代目松鯉というのは、明治から昭和三十年代に活躍した、二代目伯山の御曹司で博打好きという面白い講談師でした。

瀬戸内寂聴先生の小説『花野』は、この二代目松鯉が主人公になっています。そのご縁から、私が名跡を継ぐ際、襲名の口上書の文章を瀬戸内先生にお願いしました。原稿用紙三枚の手書きの文章をいただき、大変感動しました。現在でも私の家宝として大切にしています。

・三代目神田伯山

明治三十七年（一九〇四年）、三代伯山を襲名。

三代目が出演すると、周囲八丁の講釈場はお客を奪われてしまうため、「八丁荒し」と呼ばれるほど傑出した人気を得ました。

三尺物『清水次郎長伝』の啖呵を小気味よく聞かせて絶大な人気を博したこと

から、「次郎長伯山」との異名があります。

・三代目小金井《こがねい》蘆洲《ろしゅう》
世話物の名人、中でも『塩原多助』が十八番でした。

初代蓁々斎桃葉《しんしんさいとうよう》に入門した後、二代目神田伯山の弟子となり、伯鯉を経て、四代目伯龍を襲名しました。

しかし、講談界が分裂し、神田派と対立していた宝井派に移ったあとは、三代目小金井蘆洲を襲名しています。

・三代目錦城斎典山《きんじょうさいてんざん》
明治末期から大正にかけて名人と謳われた講談師で、とりわけ『天保六花撰』を得意としました。

もとは三代目一龍斎貞山の弟子で、五代目貞山を継ぎました。明治四十年（一九〇七年）から三代典山となりました。

・四代目宝井馬琴

講談師の父を持ち、早くから高座にあがって修業を重ねました。

軍談物の名手で、『源平盛衰記』に定評がありました。

・四代目昇龍斎貞丈《しょうりゅうさいていじょう》

『慶安太平記』が得意でよく演じました。

五代目以降、一龍斎貞丈を名乗っています。

・二代目放牛舎桃林《ほうぎゅうしゃとうりん》

初代は宝井派から独立。

彼の読む仇討物は天下一品とされ、大変人気を博しました。

明治時代も後半になると、新しい語り芸である「浪曲」(浪花節)が生まれます。三味線を伴奏に独自の節をつけ物語を語るのですが、これが大いに流行りました。

大正時代には、映画が登場するなど娯楽も多様化していきます。

さらには大正十二年(一九二三年)の関東大震災でほとんどの寄席が倒壊し、廃業が相次ぎました。

昭和三年(一九二八年)には、講釈場の数はわずか十軒。講談師も七十人となります。さらに六年後には五軒、講談師は五十人にまで激減。

寄席が減るにつれて、昭和九年(一九三四年)ごろは、東京宝塚劇場や日比谷映画劇場などが開場し、客を集めます。

やがて第二次世界大戦がはじまり、戦後の講釈場はたった一軒、上野の本牧亭のみでした。

昭和初期〜戦後直後

衰退の一途をたどる講談界は、講談師も数えるほどになってしまいましたが、名人たちによって伝統はなんとか引き継がれました。

昭和初期の講談師といえば、二代目大島伯鶴と六代目一龍斎貞山です。テレビでも放送されるようになり、ＮＨＫは元旦に二代目伯鶴の『寛永三馬術』、暮れの十四日は六代目貞山の『赤穂義士伝』を流しました。

その他にも三代目神田伯山門下の〝四天王〟と呼ばれた名人たちがいます。

そのひとりが、初代神田ろ山。

彼は師匠である三代目神田伯山の演題と芸風を受け継ぎ、抜群の人気を博しました。十八番は、三代目伯山が流行の読み物にした『清水次郎長伝』です。

そして、十八番に『天明白浪伝』を持つ初代神田山陽。

『天保六花撰』の五代目神田伯龍。
『徳川天一坊』の三代目神田伯治がおりました。

昭和四十三年（一九六八年）、バラエティー番組『お笑い三人組』で人気を博した、一龍斎貞鳳先生の書籍『講談師ただいま24人』が話題となりましたが、その中に記されているのは、八十代を筆頭に真打が、

八十代　服部伸
七十代　田辺南鶴・神田伯山・馬場光陽・宝井琴窓
六十代　宝井馬琴・一龍斎貞丈
五十代　神田山陽・邑井操・神田ろ山・伊藤痴遊
四十代　神田伯治・一龍斎貞鳳・小金井芦州
三十代　一龍斎貞花・宝井琴鶴
二十代　一龍斎貞水

二ツ目に、田辺一鶴、神田連山、神田芦晃、神田五山。

ほか前座三名、と数えられています。

それだけ講談師は少なくなってしまっていたのです。

そうしたなか、講談復興を目指してはじめて女性を弟子にしたのは、田辺一鶴先生です。また素人に講談を教える講談大学を開くなど、人気向上に尽力されました。

現在は、女性の講談師の数が男性より多くなったほどです。

しかし、講談人気復活とまではいきませんでした。

ですから、私が講談をはじめたころは、どん底の時代です。

私が入門したころ〜そして今

昭和四十五年（一九七〇年）に、私が二代目神田山陽に弟子入りしたころは、講談は沈滞し尽くした状態で、同じ時期に講談を志した者たちは「講談決死隊」などと呼ばれたものです。

講談の伝統がここで途絶えるのか、決死隊が盛り上げて守り抜くか……というありさまでした。

講談師を目指した以上、そういう世界だということはわかっていて入門しました。「なぜそんな厳しい業界に飛び込むのか」と、反対されたことはありましたが、母は何も言いませんでした。ただ泣いていただけで。

もともとは劇団に所属していて十年ほど役者をしていましたから、朗読は日常的にやっていました。役者は基礎訓練として、いろいろな詩小説を朗読するんです。

私が声を出して読んでいると、劇団の中心役者で当時の新劇界の一角を担う俳優、桑山正一さんに「お前の朗読は講談だ」と耳にタコができるくらい言われました。

講談に興味はありませんでしたが、何度も言われるうちに、どんなものか聞いてみようと、軽い気持ちで聞いてみたら、大変おもしろかったのです。

それで山陽師匠に弟子入りしたときは、一生の仕事と覚悟して入りました。

しかし、講談界はどん底の時代ですし、私の年齢も二十七歳でしたから、師匠が「陽之介」という芸名をつけてくれて、必死で演目を覚えました。

普通の弟子なら年に三、四席ですが、最初の一年で十七席覚えました。

役者業で訓練した声の出し方などの基礎は、講談師になってからも役立ちました。役者のときに声楽もかじっていて、声は鍛えれば変わることを知っていました。のどを通る空気の出入りは最速時速三百キロと言われます。

のどが擦すれて傷ができて、そのうち固まってきて声帯が鍛えられ、講談師の声帯になるんです。腹式呼吸を練習して、低い講談師の声帯を作り上げました。

また、役者業は基本的に分担業ですが、講談師はすべて自分が主役。演題も演出するのも、主演も、すべて一人でやりますから、それがおもしろかったです。ただ、責任をとるのも自分自身です。

覚悟を決めて入ったものの、辞めようと思ったことも何度かありました。さまざまなアルバイトで糊口をしのいだこともあります。

伝統の世界ですから、年功序列も厳しい。一日でも先に入ったら兄さんです。白い物を黒いと言われても、「はいそうです」と言わなければなりません。

その辺りはとても厳格な世界です。

一人前になっても、格差は続きます。

昔は「一文あがりの商売」と言っていたそうです。一文でも給金の多い先輩が楽屋入りすると、これまで座っていた自分の席を譲るんです。暗黙の了解で。

他にも、しきたりが山ほどあります。

厳しく、売れない世界ですし、講談界は恵まれない時代が長く続きました。もう続けられないと思い悩むこともありました。

その度、頭髪を坊主にして考え直しました。

もう一度やり直そうと、自分を勇気づけるために、何度か丸刈りになりました。でも、心して講談界に飛び込んだわけですから、簡単にはやめられません。そうしているうちに、講談師になって丸五十年。

講談界もこの半世紀でずいぶん変わりました。

これからも目まぐるしく変わっていくことでしょう。

同時に世の中も刻々と変わっていきます。

そんな中で、いつの世も変わらぬ人間の情を講談を通して伝えていきたいと思っております。

第七章

講談古川柳

川柳は世相を映す鏡といいます。

江戸時代の中期から幕末まで、ほぼ毎月のように刊行されていた川柳の句集『誹風柳多留（柳樽とも言う）』においても、講談師にかかわる川柳が数多く残されています。

柳樽を含め、他の句集や資料の中から集めたものを、最後にいくつか紹介しましょう。

見てきたような嘘

広く世間に知られているのが、

「講釈師見てきたような嘘をつき」

まるで自分が見てきたような口ぶりで、軍記や時代物を読むのが講談師。迫真の語り口で、堂々と嘘を言う。

ところで、名人と呼ばれた五代目宝井馬琴先生は、「講釈師見てきた上で嘘をつき」が本当だと言っていました。

講談はけっして荒唐無稽な作り話ではないからです。嘘を言うには信ぴょう性がなくてはなりませんから、「現場を見る」という作業は非常に大事なことなのです。現場を確かめたり史伝を読んだりした上で、ドラマ性を高める演出をするために絶妙な嘘を仕掛けるんです。

川柳には、社会風刺や滑稽が盛り込まれていますから、この句にも皮肉っぽいところがあります。

「そんな強い大男なんて、いるわけがないじゃないか」「そんな大袈裟な話があるものか」と思いながらも、講談師の話芸に引き込まれてしまう様子をよく表しています。

ウイットやユーモアに富んだ講談川柳はまだまだあります。

似たようなものに、

「講釈師扇で嘘を叩き出し」

やはり、講談師には嘘がつきもののようです。

張扇で調子を取りながら、まるで本当のことのように話してしまうのですから。

「張扇忘れた時に三ツ打つ」

物語の続きがフッと出てこないと、ポンポンポン……と打ってごまかし、思い出すまで時間を稼いだ人もいたかもしれません。

張扇で釈台を打つタイミングは、注意を引いたり、場面の変化や強調、臨場感を出すためですが、話に詰まったときにも打つことがあるんです。

同じような意味では、

「へた講師つまづくとこで張扇」

若手のころには、緊張などでよく言葉に詰まりますから、張扇を打つ回数が増えがちです。使い方によってはつまずきを隠せる良い道具なのです、張扇は。私も、話の続きを忘れてしまったこともありましたよ。

一度、自分の独演会のときに、どうしても思い出せず、忘れましたと言って頭を下げたら満場のお客様が大きな拍手をしてくれたんです。不思議なもので、拍手をもらったとたんに続きを思い出しました。それで、そのまま続けました。

「へた講師ひるね死人の山きずき」

あまりにも下手すぎて、お客は退屈してうつらうつらと夢の中へ……。そのような状況が滑稽に詠まれています。

「先生と呼んで灰吹きすてさせる」

灰吹きとは、キセルの吸殻を落としていた灰皿のこと。

真打になると先生と呼ばれますから、古老から「先生」と呼ばれて嬉しくて「はいっ」と振り向けば、何のことはない、用事を言いつけられただけだった……。

表向きは「先生」と呼ばれ尊敬されている風であるのに、雑用を頼まれてしまう、そのギャップの面白さがあります。

講釈場の川柳

かつては盛況だった講釈場を題材にした川柳も多数残っています。

「講釈場本多が出ると四ツを打ち」

かつての講釈場は、履物を脱ぎ、下足番が預かって管理をしていました。講談が終わってお客がいっぺんに下足に向かえば、混雑してしまいます。そこで、昔はその間「追い出し」といって、本来のネタとは別に軍談の『三方ヶ原の合戦』などをやっていたと聞きます。

「頃は元亀三年壬申歳、十月十四日……」と読んでいる間に、徐々にお客が帰りますから、下足が混まない工夫なんです。

そのうちに徳川四天王の一人、蜻蛉切《とんぼきり》と名付けた槍を操る本多平八郎が登場するころになると、時刻が「四ツ」（現代の午後十時）になる。その様子を詠っているんです。

「かかりうど夜講釈《よごうしゃく》にてドラを打ち」

かかりうどは居候のこと。

講釈場に居候をしている若い衆が、楽屋でドラの打ち手を手伝っている様子です。昔の講釈場には、無為徒食の居候がいたのでしょう。

「居候三杯目にはそっと出し」という有名な川柳があります。肩身の狭い居候が、三杯目のおかわりを遠慮してそっと茶碗を出しているのですが、ドラ打ちの居候も、肩身の狭さから夜講談を手伝っていたのかもしれません。

「じゃまになる柱の多い夜講釈」

これは、本来の講釈場ではなく、どこかの家の広間や店の客席などを借りてやっているのでしょう。

そこに一本、邪魔になる柱がある。柱の向こうに座ってしまうと高座が見えないわけです。いい会場なんだが、この柱がどうも邪魔だというんです。

そういえば、御徒町に「吉池」という店があり、以前そこの大広間で何年か寄席をやっていたことがあったんですが一本邪魔な柱がありました。今は新しい建物に変わっております。

この続きはまた明日

講談は連続物が一般的でしたから、現在のテレビドラマのように、一日では完結しません。

「今日抜いて明日斬り合う講釈師」

話の一番良いところで、「果たしてこれからどうなるのか。……はて、この続きはまた明日」と続くわけです。

お客にすれば、主人公が窮地に陥って刀を抜き、さあというところで、終わってしまいますから、続きが気になってしょうがありません。楽しみにしながら、次の日の高座を待ちわびていたのでしょう。

「講釈師仇のクビをまたのばし」

「入りのある内は仇を討ちのばし」

「討死を日送りにする講釈師」

これらも同句です。

いよいよ敵討ちだというのに、まだ斬らない。「……吉良上野介を引き据えました。……果たして、この続きはまた明日」となるわけです。

そうしてお客の気を引き、どんどん日を稼ぎます。

続きを聞きに行けども、まだ今日も斬らず、そんな気持ちを表して「またクビをのばした」と皮肉っているのです。

お客が大勢集まってくれるうちは、敵討ちをすると、話が終わってしまうから、せっかく敵に巡り合っても何度も討ちもらしてお客を悔しがらせ、結果はお預けにしてしまいます。

討死も、たとえその命が風前の灯であったとしても、そうそう簡単には死にません。

そういう商売上手なところがあったんです。

張扇や扇子を題材にした川柳

講談には人を惹きつける道徳的な話が豊富にあり、忠臣孝子、英雄偉人、勇将烈士が大勢出てきます。

「**張扇忠臣孝子叩き出し**」

いつの時代も日本人は、親孝行は何よりも美徳。江戸時代も孝行話や人情話は心を打ち、涙していたようです。

講談師がポンポンと音を響かせ、親子の情や主君への忠義の物語を読めば、客席はおおいに盛り上がったことでしょう。

また、講談師の持ち道具である、張扇や扇子を題材にした講談川柳も多く見つけました。

「バッサリと抜き打ちにする張扇」

「張扇一ツを七ツ道具にし」

「りゅうりゅうとしごくは槍か張扇」

「鉄砲を扇ではなす講釈師」

張扇は打つだけでなく、いろいろな表現をするための便利なアイテムです。刀に見立てるときは、抜く形をして、パッと抜き打ちにしてみせる。張扇ひとつが、刀になったり、槍になったり。弁慶の七つ道具にもなります。

講談は本来「読む芸」ですから、あまり身振りに頼りませんが、打ち合いや戦いの場面で効果的に形を入れると、臨場感あふれる風情が出ます。

その他にも、扇を小道具に見立てた三句を紹介しましょう。

「**真剣の勝負寄席では扇子なり**」

「**真打が持てば扇子も槍と見え**」

「**一刀のかわりに扇子抜いて見せ**」

落語家は手ぬぐいも小道具のひとつとして使いますが、講談師は張扇と扇子のみ。日本の伝統的な表現方法には「見立て」があり、ある物を何か別の物に見せて表現する方法が文化としてあります。

わざわざ本物の槍を見せずとも、真打が持てば、扇子一本で槍や刀を使った戦いの様子を、ありありと想像させることができるのです。

「**手拭へしまうは風の出ぬ扇**」

「風の出ぬ扇」とは張扇のことでしょう。

懐手拭いに張扇と扇子をくるんで高座を立ち去った講談師の姿をとらえた句です。

講談師の姿をよく観察し、温かい視線をもって詠まれています。

武士の精神を残した川柳

講談は、戦国時代、殿様の前で軍書を講釈した歴史がありますから、講談師は武士の精神を残しています。

「本性を違《たが》えず扇子二本差し」

武士は腰に刀を二本差すことを許されていました。

それを踏まえ、講談師が張扇と扇子と二本持ち歩くのは、「やはり武士だな」と上手く言い表しているんです。

ちなみに、講談は〝武士の芸〟ですから、「四十《よんじゅう》」とは呼びません。四《し》は死を連想させるために縁起が悪いと、商人や町人の間では避けられていましたが、〝侍は死を恐れない〟という意味もあって、武士は堂々と四《し》と呼んだのにちなんで講談師は四《し》と読みます。

「山下に野陣を張って太閤記」

上野山下（東叡山寛永寺のふもと一帯をさす俗称）で、辻講釈が『太閤記』を読んでいるが、それがまるで野陣のようだ、と詠んだ句。

辻講釈というのは、町の道ばたに立って講談を語り、通行人から投げ銭をもらっていた講談師のことです。集まったお客が、講談師を囲むように聞いている姿が、まるで太閤記の戦のように野陣を張っているようだというんです。

中心にいる講談師が、まるで殿様のように見えたのかもしれません。

「志道軒御意はまかせて持参する」

江戸時代に大活躍した講談師・深井志道軒についての一句です。

志道軒は、浅草寺の境内に小屋を構えるほどの人気の講談師。張扇の代わりに〝張形〟（男性器の形をした玩具）をふりかぶりながらやる、破天荒な語りが大評判で、「天下に名高き者は、市川海老蔵と志道軒と唯二人より外なし」と歌舞伎の立役者、二代目市川団十郎と人気を二分するほどの有名人だったとか。

彼は、博識多才な平賀源内を唸らせるほど、政治批判のパフォーマンスが見事だったそうです。

とくに医者や儒学者などのエリート層や着飾った女性への批判は痛烈で、権威のなかで生きている人を極端に嫌っていたと言われています。

平賀源内は、志道軒を主人公にした奇想天外なフィクション小説『風流志道軒伝』を書き、大ベストセラーになりました。

おわりに

私が入門したころ、師匠の二代目神田山陽は満六十歳。講談協会の会長をしておりました。戦前の大手書籍取次業、大阪屋号書店の御曹子でありながら私財を投じて講談界再興に尽力し、大谷内越山の一人一話会を経たのち家業を捨てて講談界に入った人で、講談界でも屈指の豊富な演目（読み物）を持っておられました。また講談協会と同時に日本芸術協会（現・落語芸術協会）にも所属して常時落語定席にも出演し、落語定席では笑いがたくさんある講談を、本牧亭では本格講談をと、硬軟使い分けて見事な高座でした。

私が入門したときには、すでに真打になっていた兄弟子が二人おりました。一人は神田連山さん。この人は元落語家の弟子で、それを辞して幇間（たいこもち）になり、その後講談師になったという人で、将棋はアマ四段の腕前。師匠はアマ五段ですから二人が対局するとほとんど互角でしたが、師匠が「連山、この一番にお前が買ったら小遣《こづか》いをやる」と言うと必ず連山さんが勝っていました。芸界の大御所からも目をかけられる可愛げのある人でしたが、師匠からは五回破門になり、その度に師匠が頭の上がらない人に頼んで詫びを入れ五回も許されたという記録保持者でした。作家の吉行淳之介先生にも気に入られ、田辺一鶴先生との「一鶴・連山奇人変人二人会」という会を催してくださったこともありました。

もう一人は大谷竹山さんで、この人は革新系の人で自分の独演会に中国から漫才師を連れてきて本牧亭の高座にあげるという、やはり変な人でした。

そして私のあと続々と弟弟子や妹弟子が入門し、当時の講談界では最も弟子の多い一門となったのでした。

あれから半世紀、現在私には八人の弟子がおります。真打が三代目山陽、鯉風、山吹、阿久鯉、鯉栄、六代目伯山。前座が松麻呂、鯉花。みな懸命に講談に取り組んでおります。どうかどうかお引き立てくださいますよう、お願いいたします。

私は弟子が真打になると芸のことは口出しはいたしません。作家吉川英治先生の有名な結婚式でのはなむけの句に「菊根分けあとは自分の土で咲け」がありますが、こんな心境です。芸界の先人たちは心にしみる名言をたくさん残してくれました。

講談界の名実ともに第一人者であった五代目宝井馬琴先生は、講談界の沈滞を「講談が衰退したのではない。講談師が衰退したのだ」と。肝に銘ずる言葉でした。また六代目三遊亭圓生師匠は「弟子には師匠としていろいろ言うが、結局は自分で悟《さと》る以外にはないのです」。本当にそのとおりだと思います。

長い沈滞の時代を経て、ようやく一筋の光明の見えてきた講談界です。私も現役の一員としてがんばらなくてはと、老体に鞭打っております。ありがとうございました。

撮影：守屋貴章

●著者プロフィール
神田松鯉（かんだ・しょうり）
1942年生まれ。群馬県前橋市出身。 講談師・人間国宝。日本講談協会、落語芸術協会所属。日本講談協会では名誉会長を、落語芸術協会では参与を務める。1970年、二代目神田山陽に入門。1973年、二ツ目に昇任して「神田小山陽」と改名。1977年、真打ちに昇任。1992年に 三代目 神田松鯉を襲名。1988年、文化庁芸術祭賞を受賞。長編連続物の復活と継承に積極的に取り組み、講談の保存・継承だけでなく、後進の育成にも努める。長年の講談界全体への貢献と功績が認められ、2019年、重要無形文化財保持者（人間国宝）に認定された。

マイナビ新書

人生を豊かにしたい人のための講談

2020年10月31日　初版第1刷発行

著　者　神田松鯉
発行者　滝口直樹
発行所　株式会社マイナビ出版
〒101-0003　東京都千代田区一ツ橋2-6-3 一ツ橋ビル2F
TEL 0480-38-6872（注文専用ダイヤル）
TEL 03-3556-2731（販売部）
TEL 03-3556-2735（編集部）
E-Mail pc-books@mynavi.jp（質問用）
URL https://book.mynavi.jp/

協力　長井好弘
編集　児玉奈保美
装幀　小口翔平＋三沢稜（tobufune）
DTP　富宗治
印刷・製本　図書印刷株式会社

　ISBN978-4-8399-7416-9
Printed in Japan